わが人生 26

◉株式会社 潮 創業者

田中俊孝

縁と恩に有り難う

神奈川新聞社

縁と恩に有り難う

本書は神奈川新聞「わが人生」欄に２０２３（令和５）年10月２日から12月29日まで、62回にわたって連載されたものを修正しました。本文中の内容は、注記のない限り、新聞連載当時のものです。

プロローグ編／

主役不在の40周年パーティー／龍馬とハイブリッドファン

コンピューター専用のクリーンルームを手がける潮特殊設備（現・潮）を立ち上げてから40年に当たる2022年11月、横浜市中区のホテルニューグランドにお世話になった方々をお招きしてパーティーを開くことにした。

なのに私が新型コロナウイルスに感染し、やむなく〝リモート出演〟。私をよく知る友人があいさつした。「6億円を超す負債を背負った苦難の時期を含めて田中社長の半生をぜひ活字にしてほしい」。今、神奈川新聞「わが人生」というチャンスをいただいた。さまざまな感謝を込めて書きとどめたい。

小さい時から父に「本を読め」と言われた。「読書の体験が、何かの時によみがえる。まかぬ種は生えない」と。

「海底2万哩《マイル》」「三国志」、日本史上の人物では徳川家康、上杉鷹山、坂本龍馬に関する本などを乱読した。

龍馬はチャレンジ精神、敵味方を取り込む包容力、こびを売らない生き方に魅力を感じた。チャレンジの点では、龍馬の姉・乙女の存在が大きかったと思う。乙女姉さんは龍馬

40周年パーティーで私のアバター（分身）として〝活躍〟した等身大写真パネル（撮影は森日出夫さん）。壁に飾ってあるのは大型のハイブリッドファン＝「潮」社内

の意思と個性を尊重し、「やりたいことをやってみなさい」と背中を押した。この思考が、私の基本になっている。

初めて起業してから紆余《うよ》曲折を経た２００３年某夜、居酒屋にいた。ふと気が付くと、エアコンの風の吹き出し口に何か詰めてある。店員さんに聞くと「おしぼりです。エアコンの風が直接顔や体に当たって不快に感じるお客さまがいらっしゃるので、おしぼりで吹き出す風の方向を調節しています」という。ピンときた。同じことを感じている人がたくさんいるはずだ。吹き出る風が直接体に当たらないように風の向きを変える方法はないか…。

早速、自宅でアイデアを練り、工作に没頭した。元々、手先を使うことが好きである。

エアコンの吹き出し口に羽根（ファン）を取り付けて風をかき回し、室温のむらをなくす。ファンは吹き出す風で回るから、ファン自体の電力代はかからない。こうして04年、新製品「ハイブリッドファン」は世に出た。

　エアコンに直径約1メートルの8枚羽のアルミ製ファンを取り付けるだけで、消費電力が2割ほど節約できる（自社調べ）。室内の空気をかき混ぜるので、天井付近から床まで温度がほぼ均一になる。エコライフの効用に加えて「体が冷えなくなった」「夏場の設定温度を上げられた」と評価され、累計45万台を販売した。

　当時、「俺もそういう商品を作りたいって思った」という声をよく耳にした。だが、着想を行動に移す人は少ない。要は、乙女姉さんが龍馬を育

天井のエアコンに取り付けたハイブリッドファン

てた「信じたことをやる」行動力だ。

10年暮らした三宅島

東京都心から南に約１８０キロメートルの太平洋に浮かぶ三宅島（東京都三宅村）が私の出生地である。面積は約55平方キロメートル。山手線の内側よりやや小さめというイメージだ。海路なら東京・竹芝桟橋から大型客船で約６時間、空路なら調布飛行場から約50分。紺碧《こんぺき》の海に抱かれた島の中央部に標高７７５・１メートルの雄山《おやま》が緑のすそ野を広げ、満天の星空、野鳥のさえずり、火山島ならではの景観、ダイビングや海水浴が楽しめる。黒潮の影響を受ける好漁場を背景に、漁業が盛んで、２０００年の雄山噴火災害によって漁獲量は減ったが、近年はキンメダイ漁が盛んと聞いている。２０２３年７月１日現在の人口は２２８５人、１４９７世帯。

島には神着《かみつき》、坪田、阿古、伊ケ谷、伊豆という五つの集落があり、私は１９５４年８月１日、坪田に生まれた。父は昭三郎（１９２８～85年）。名前が示す通り、昭和３年の生まれ。三宅島漁業協同組合（漁協）に勤めていた。

父は７人きょうだいの末っ子。田中家の家系は不明だが、本家筋には村長、村会議員、医師、教師らがいた。私は、幼い日に親戚から驚くような額のお年玉をもらった記憶がある。母は濱枝（1932～2014年）。横浜市鶴見区の生まれで4人きょうだいの3番目。漁協の仕事で東京に出張した父が、東京で働く母と出会ったらしい。

私は一人っ子で、61年4月、村立坪田小学校に入学した。当時は他に三宅小、阿古小の計三つの小学校があったが、2007年に統廃合され、新たに村立三宅小学校（三宅村伊豆）が開校した。坪田小は1学年1クラスだったと思う。

島での生活と体験が今の私の土台になっている

私は小学3年まで三宅島で暮らした。父が都内に転勤するのに伴い、一家は東京都杉並区に転居。私は杉並区立の小学校に転校した。島の暮らしは10年ほどなのだが、私は自分の基礎が島で作られたと思っている。人間の在り方から人との接し方、行儀作法まで多くを学んだ。「三つ子の魂百まで」

を実感する。

父は口数は少ないが、面倒見のいい人だった。覚えているのは、わが家が「よく人が集まる家」だったこと。漁協の人や港湾の工事関係者らが週に数回、自宅（8畳2間、6畳1間）のふすまを取っ払って飲めや歌えの宴会を開いていた。軍歌や演歌を好んだ彼らは気が荒いが、みんな優しく、私の頭をなでながら「俊ぼうは将来、大物になるぞ」などと褒め上手だった。

父の教えを今も胸に

振り返ると、私の人間形成の上で、父がとても大きな影響を与えたことが分かる。

父・昭三郎は「昭さん」と呼ばれ、人望を集めていたようだ。口数は少ないけれど、面倒見がいい。年中、大勢の人を自宅に招いて宴会を開いていたことは触れた。

私はその場で座布団や灰皿を並べたりしながら、大人たちの話や言葉に耳を傾けた。「同年代と遊んでも得るものは少ない。どうせなら、年上と付き合え」という日頃の父の教えが反映していたのだろう。私は小学生の頃は中学生と、中学生になると高校生と付き合うようになっていた。年上の人が好きで、良いことも悪いことも先輩から学び、吸収した。

日々、来客がある家だからお土産、もらい物が多い。母はいつも丁寧にお礼を述べ、そばにいた私も必ず「ありがとう」と続けた。父も母も、行儀・礼儀にうるさかった。

面倒見のよい父といえば、おぼろな記憶がある。父の知り合いが最愛の娘さんを亡くした時のこと。知人の落胆ぶりは深く、父は毎日のように知人宅に伺い、黙って寄り添っていた。

絵はがき「三宅島旅情」の表紙。1960年代の発行か

父は、私にこうも言った。「いいか、おまえ一人ができることなんか高が知れている。だから『できる人を使える人間』になれ」。私は、この教えを胸に刻んで生きて来た。

とはいっても、名前からも分かるように昭和3年生まれの男である。兵役には就かなかったが、まともに軍国主義教育の洗礼を受けた世代だ。米国に対して屈折した感情を抱いていたかもしれない。「英語なんか勉強する必要はないぞ。日本人は〝読み書き、そろばん〟ができれば十分だ」と豪語していた。後に触れるが、ある人が私を東京のアメリカンスクールに入れようと誘った際、父は激怒した。しかし、私自身は父に叱られた記憶がない。

父が勤めていた三宅島漁業協同組合（漁協）の転勤で１９６４年、私たち一家３人は都内杉並区に引っ越した。私は同年４月、杉並区立桃井第三小学校４年に転入した。

父の話を急ぐが、その後、両親は離婚。父は交通事故や脳梗塞を患い85年、57歳で亡くなった。東京で営んだ葬儀は盛大で、故郷・三宅島での納骨式にも大変多くの方が参列してくださった。私は遺骨を抱き、継母（父が再婚した相手）と島に帰った。父は田中家の分家で、墓がなかった。継母が父の故郷、島の坪田集落に墓を買った。

驚いたのは、納骨式に参列してくださった方の多さだった。漁協、農協、村議会は、その日を休日にしたのだそうだ。「お父さんには本当にお世話になりました」「なにしろ面倒見のいい人で」「頼まれると『嫌』と言えず、すぐ動く方でした」「無口だけど、優しくて」—そんな言葉があふれた。久しぶりに帰郷した私は、かつてわが家で繰り広げられた大宴会を思い出して、感慨深いものがあった。

遊び場に不自由せず

9歳まで過ごした三宅島では遊ぶ場所に不自由しなかった。海、山、湖。岸壁でアジやサバを釣り、海に潜っては目の前を泳ぐ魚をもりで突いた。新鮮な魚がおいしく、中でもイセエビとトコブシは絶品だった。

もちろん、最初から泳げたわけではない。小学校に入るまでは、泳ぐということすら知らなかった。ある日、桟橋から小舟に乗り移ろうとして足を踏み外し、海にドボン。必死にもがいてから、少しずつ泳げるようになった。

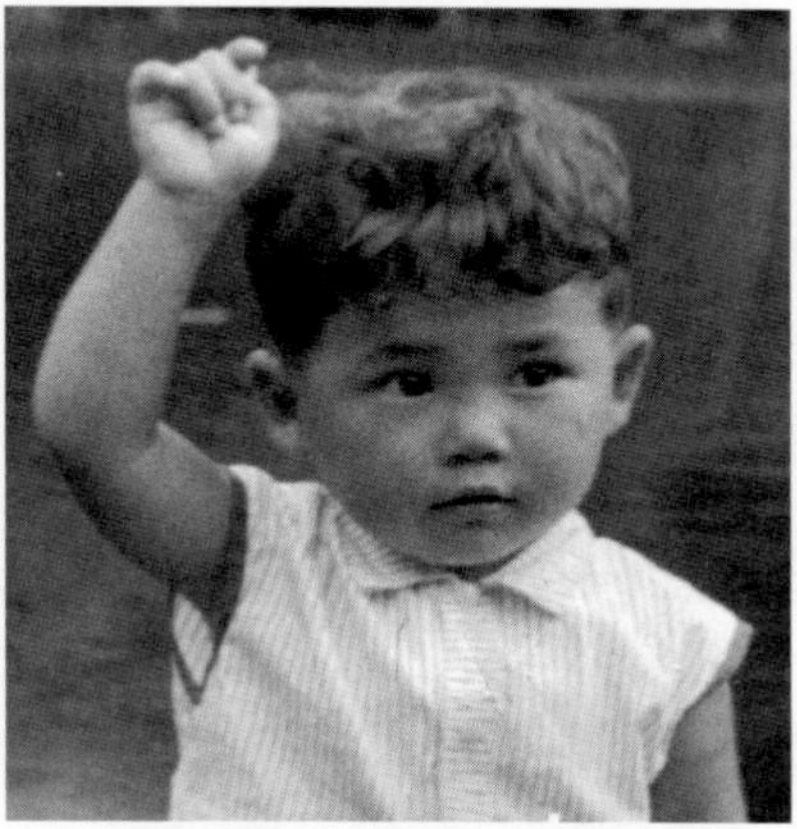
2歳か3歳の私。幼少時の写真は手元にこれしか残っていない

山では、樹木の上に〝隠れ家〟を造るのが楽しかった。春の野では野イチゴやグミを摘んだ。家の庭にはサクランボのなる木があり、季節には鈴なりになった。三宅島は年間を通して気候が温暖で、年間平均気温は17・7度。記憶にある限り、一度だけ雪が降った。

野鳥のさえずりも忘れられない。メジロや

よく遊んだ大路池《たいろいけ》（絵はがき「三宅島旅情」から）

ホトトギスの鳴き声が、都会とは比較にならないほど澄んでいて「ホーホケキョ」がすっきり、遠くまで聞こえた。

父は「日本人は読み書き、そろばんができれば十分」という主義だったから、私は国語と算数は得意だった。父が読書を勧め、ジュール・ベルヌの海洋冒険小説「海底二万哩《マイル》」を読んだのは小学生の頃だったと思う。

父はカメラが好きで、本格的なカメラを大切に使っていた。しゃれた趣味を持つ父（「若い頃はもてた」と言っていた）だから、わが家にテレビが来たのも早く、私が小学校に上がる前ではなかったか。集落でテレビがある家は2軒だけだった。テレビ番組では大相撲とプロレスが人気で、近所の人が数十人押し掛けた。ある日、ついに茶の間の床が抜けてしまった。

テレビで忘れられないのはケネディ米大統領の暗殺事件だ。1963年11月22日（現地時間）、テキサス州ダラス。初めての衛星中継で飛び込んで来たニュースは、小学生にも衝撃だった。

人が集まるといえば、近所に住む親戚の人たちが、よくわが家の風呂に入りに来た。ひと風呂浴びた後は、一緒に食事。母は、そんなもてなしを当然のようにこなしていた。世代が違う人が集まり、おしゃべりし、その中で行儀や礼儀を教えられた。異世代交流は貴重な体験だった。

村の公民館で映画「人間の條件《じょうけん》」を見た記憶も鮮明だ。59年から61年にかけて公開された全6部の大作。一般公開後に公民館で上映されたのだろう。主演・仲代達矢さんの名前を忘れても、仲代さんが演じた「梶」という青年の名前は今でも覚えている。反戦思想までは理解できなかったろうが、正義が押しつぶされていく悲しさと悔しさは子ども心に染みた。

と、いろいろな思い出に満ちた三宅島を去る日が近づいた。小学3年を終えた64年の春。

私は東京・杉並区の小学校への転校が嫌で逃げ回った。最後は近所の親戚の家の地下貯蔵庫に隠れたが、捜しに来た母に見つかり、はかない抵抗は終わった。

モイヤーさんのこと

舞台を東京・杉並に移す前に、三宅島で交流があった米国人のことを書いておきたい。ジャック・モイヤーさん（1929～2004年）。この人が世界的な海洋生態学者だと私が知るのは後々のことである。

モイヤーさんは米カンザス州に生まれ、大学で生物学と東洋学を学んだ。在学中に朝鮮戦争で徴兵され、米空軍の一兵士として日本に駐留。米軍の爆撃訓練場になっていた三宅島近くの大野原島に生息する海鳥「カンムリウミスズメ」を救うために、当時のトルーマン米大統領の側近に爆撃訓練中止を訴える手紙を送った。訓練は中止され、世界的な希少種が保護されたという。それを機に、モイヤーさんと三宅島の人々との交流が始まる。

モイヤーさんは大学卒業後の57年、三宅島の中学校の英語教師として赴任した。以来、三宅島に住み続けて海洋生物の生態研究や野生生物の保護、環境教育活動に尽くし、84年にはサンゴ礁にすむ魚の繁殖についての研究で東京大学から博士号を取得している。

三宅島の住民と交流しながら、自然や海を学ぶ教室を開くなど環境教育にも力を注いだ。この間、アメリカンスクール・イン・ジャパン（東京都調布市）の教員も務めている。

モイヤーさんは、わが家によく来た。長身で日本語ペラペラ。私より4歳くらい年上の息子マイクがいて、一緒に遊んだ。

モイヤーさんが、私をアメリカンスクールに入れようと、両親に掛け合ったことがある。しかし、既に書いたように私の父は〝反米〟いや〝反英語〟主義。父の反対で話は立ち消えになった。

モイヤーさんの著書「モイヤー先生、三宅島で暮らす」（1996年、どうぶつ舎刊）

私は小学3年生を終えて、一家で東京・杉並に転居することになった。その空き家にモイヤーさんと息子が住むことになったが、その過程でも騒ぎが起きた。モイヤーさんが靴を履いたまま家に上がり込んだものだから、父の怒りに火が付いた。母がとりなして、モイヤーさんたちはわが家を借りることができた。

私は中学時代まで、夏休みに三宅島に帰省した。モイヤーさんのアメリカンスクールの教え子も来ていた。その一人が、歌手になって間もないジュディ・オングさん。4歳上の彼女がくれたサイン入りのブロマイドを、私は紛失してしまった。青春の一ページをなくしたことが悔やまれる。

92年、私はモイヤーさんの姿をテレビで見た。世界自然保護基金総裁のエジンバラ公フィリップ殿下（英国エリザベス女王の夫）が沖縄県石垣島のサンゴ礁を視察した際、案内役を務めていた。モイヤーさんの活躍がうれしかった。

２０００年の三宅島噴火と全島避難で、モイヤーさんは東京都北区の都営団地に移住。噴火から2年後、火山ガスの放出が続く中、モイヤーさんは三宅島の海の潜水調査をした。その様子をＮＨＫテレビ「クローズアップ現代」が放送した。04年、モイヤーさんは避難先の団地で亡くなった。

小４で杉並区に転居

１９６４年の春。三宅島漁業協同組合（漁協）坪田支所に勤めていた父の転勤で、私た

現在の桃井第三小学校

ち一家は東京都杉並区に引っ越した。かねて、父はそこに一戸建ての家を持っていた。4月、私は杉並区立桃井第三小学校（通称・桃三）の4年に転入した。東海道新幹線が開通し、東京五輪が開催された年で、世の中はとても活気づいていた。

実は、それが都心の初体験ではない。父は漁協の仕事でよく都内出張があり、私は年に数回、父について行った。父は7人きょうだいの末っ子。きょうだいの多くは島を出て都内で働いたり、嫁いでおり、都内や神奈川県内に親戚が住んでいた。父の出張で泊まるのはホテルや旅館ではなく、いつも親戚の家。私は、夏休みや冬休みに親戚の家で1週間ほど過ごすのが常だった。

62年、私たちが住んでいた三宅島の坪田地区で噴火が起きた。高齢者や子どもらは避難することになり、小学生は島外の都の施設に〝集団疎開〟したが、私は当然のように親戚の家に〝縁故疎開〟した。

というわけで、東京暮らしにカルチャーショックのようなものは特に感じなかった。当時の桃三の4年は3クラスだったと記憶している。私は人懐っこい性格で、新しい環境になじむのが早い。今でも居酒屋などで、他の客とすぐ友達になってしまう。杉並に引っ越したその日のうちに友達ができて、彼の家に遊びに行った。

むしろ、私の周囲の児童の方が意識していたように思う。私は髪が〝天然パーマ〟で色が黒く、目が大きい。ちょっと日本人離れしている。よく「おまえ、何人?」と聞かれた(今なら「地球人」と答える)。それがいじめなどにつながらなかったのは、人懐っこくて活発な性格によるものだったかもしれない。運動神経が良く、水泳はもちろん、野球、卓球に打ち込んだ。

勉強では、国語と算数が得意だった。これは、既に書いた父の教えによる。印象に残っているのは、新聞のスクラップを使った授業。各児童が気になった記事を切り抜いて、その内容について話し合う。分からない漢字の読み方、意味、図鑑や辞書の使い方などを先生が丁寧に教えてくれた。勉強の仕方を学んだ貴重な体験だった。私は分からないことを、すぐ先生に聞くか、自分で調べた。この習慣は今も続いている。

もちろん、遊びにも熱中した。三宅島時代と同じように、樹木の上に隠れ家を造ったり、近所の空き地に池を掘ったり。しかし、この池は大失敗。池を掘ってセメントで固めたのはいいが、セメントのあく抜きを知らなかった。バケツで水を運び、池を満たして、せっかく泳がせた魚は翌日、みんな死んでいた。

6年になると、どこの中学に行くか、決めなければならない。学区からすれば杉並区立荻窪中学校なのだが、父は学区を〝越境〟して杉並区立神明中学校への進学を勧めた。

中学で国語辞典に熱

父は学区外である杉並区立神明中学校への進学を強く主張した。「俺は大学に行かなかったが、おまえは大学へ行かせる」と常に言っていた。そこまで考えての進言だったのだろう。

1967年4月、私は神明中学校に進んだ。越境して入って来る生徒や帰国生が多かった。みんな頭が良く、先生も優れていた。

神明中の卒業アルバムから。３年は５クラスあり、私はＣ組で前から２列目、右から２人目

とはいえ、そこは10代、青春真っただ中である。いつの時代にも、どこにでも、ワルサをする者はいる。しかし、私は人の道を外れるようなことはしなかったつもりだ。仲間と一緒にいても「それは違うだろう」と思うと、行動を共にしなかった。私の体には三宅島で暮らした頃に両親や親戚、目上の人たちに教え込まれた道徳・礼節・行儀を重んじる習慣がしみ込んでいたようだ。

私がした、ささやかなワルサの一端を白状しよう。学友４人、中野駅前の映画館で成人映画を見ようということになった。それぞれ父親のジャケットなどを着込んで変装した。しかし、チケットを買う仲間が、うっかり「大人４枚」と言ってしまった。成人映画を見られるのは大人に決まっている。「大人」は余計だった。すぐに「おまえら、何歳だ」と見抜かれてしまい、みんなで逃げ出した。この手は新宿の映画館でも使ってみたが、やはり失敗だった。

思い出はたくさんある。女子も誘ったアイススケート、男子だけのキャンプ。多摩川でのキャンプには、ジャック・モイヤーさんがくれたテントを張った。しかし、夜になると風にあおられた周囲の樹木が揺れ、その音が不気味で怖い。結局、2泊の予定が1泊もせず、すごすごと引き上げてしまった。

こんなことも、あった。なぜか、私は校長室に座っていた。ふと、壁を見上げると、歴代校長の写真が飾られている。それを端から眺めていると、知った顔があるではないか。「エッ、叔父さん!?」。帰宅してから、母に確認すると「そうよ。本家の田中卓司さん。あんたに言わなかったかしら」。私は、他人にそのことを言わなかった。

母といえば、クラス担任だった英語の先生を思い出す。既に書いたように、父は「日本人は国語と算数だけできればいい」という考えだった。母は先生に「ですから、俊孝は英語はやる気がないかもしれません」と打ち明けた。この先生はとても面倒見がよく、丁寧に教えてくれた。英語は好きになれなかったが、英語の先生は好きだったので、その成績はさほど悪くなかった。

国語の先生も忘れ難い。その先生は1年生の私に国語辞典をくれた。辞典の帯に「7万5000語収録」とあった。先生は「卒業するまでに、これを読破してみろ」と言った。私は、毎日のように、その辞典を開いた。知らないことを知る楽しみが少しずつ分かってきた。理解のほどはさておき、中学の3年間で2度、私は「7万5000語」を読んだ。

「圧縮」というあだ名

スポーツの話を書く。東京・杉並区立桃井第三小学校4年に転入して間もなく、地元のリトルリーグチームに誘われた。特に野球の才能を認められたわけではない。ポジションはキャッチャー。そこで3年ほどプレーした。

杉並区立神明中学校に進むとクラブ活動が始まったが、野球部やサッカー部がなかった。グラウンドが狭かったためだろう。私はハンドボールやバスケットボール、水泳のクラブを掛け持ちした。バレーボールは「バレーをやれば背が高くなるぞ」という勧誘に乗せられて所属したが、残念ながら、今もってその夢は実現していない。

神明中は文武両道を掲げていて、進学実績だけでなく、スポーツも強く、都大会で上位に入る部門がいくつもあった。私は島育ちだから水泳は得意だが、潜りや遠泳ならともか

中学校の修学旅行の一こま。中央右が私（卒業アルバムから）

く、タイムを競う泳ぎは全く別。私より速い生徒が何人もいた。私は最終的にハンドボールに絞り、都大会で5位に入った記憶がある。

運動神経が良かったのか、スポーツは何でもこなした。小柄で色が黒く、活発というイメージから、小学校時代のあだ名は「豆タン」だった。中学校では「圧縮」。身長が伸びず、背丈を圧縮されたような感じからの命名だったようだ。いずれにしても、現在の年齢になるまで大病をしたことがない。丈夫な身体をくれた両親に感謝している。

あだ名では、こんなことがあった。

中学校を卒業して何年か後、私は電車のつり革を握って立っていた。と、前の座席に座っている女性が、チラチラ私を見上げている。同世代のようだが、顔に覚えはない。やがて彼女は、私を見つめて小さくつぶやいた。「圧縮?」。思わず笑顔で「うん」と答えた。同級生だった。「圧縮」というあだ名が、私は嫌いではない。今も、同期会では「圧縮」で通っている。

ここまで明るい青春をつづってきたが、一方で、私は家庭の微妙な変化に気付いていた。小学校高学年の頃から、両親の間の空気が何かおかしいと感じるようになった。とげとげしくなり、お酒の好きな父が家で晩酌をしなくなった。聞くともなく、2人の口論に耳を傾けていると、どうやら、ある人の連帯保証人になった父が借金を背負い込んだらしかった。

私が6年生の時、父は一時、三宅島に帰った。その夜、私と母は港区の竹芝桟橋で父を見送った。当時の東京湾は汚れ、あたりにドブのような臭いが漂っていた。他の船と見分けがつかなくなるまで、私は父の乗る船をいつまでも見送っていた。悲しかった。

母と2人暮らしになった家に、時々、夜の訪問者があった。今思えば、債権者が借金の返済を迫って来たのだろう。玄関をドンドンたたく音が怖かった。家は抵当に入っていた。

中学校に入って間もなく、私と母は近くのアパートに引っ越した。

高校と離婚とバイト

私が杉並区立神明中学校に進んだ頃、両親の離婚は決定的になっていたようだ。父は人に頼まれると嫌と言えない性分だった。困っている人を見ると、親身になって寄り添っていた。父の口から、他人の悪口を聞いたことがない。賭け事も大嫌いな父が、なぜ借金を…。しかし、そんな思案は、世間知らずの中学生には荷が重過ぎた。

2年になると進路指導が始まったが、私は、どこか上の空だった。それまで友達と一緒に勉強したり、本を読んでいたが、机に向かうことが少なくなった。母は経理の仕事を見つけて働きに出た。私は夜、目的もなく、フラッと外出するようになった。

屈折していた青春時代を振り返る

３年での高校受験。私は母に言われて渋々二つの高校に願書を出したものの、いずれも受験しなかった。母は三宅島にいる父に電話し、実情を知った父が驚いて駆け付けた。父の説得で、何とか法政大学第一高等学校（法政一高、現・法政大学高等学校）の受験に間に合った。受験の朝、母は高校の門まで私について来た。また受験をボイコットするのでは、と心配してのことだった。１９７０年４月、私は高校生になった。

杉並区のアパートから法政一高（当時は武蔵野市吉祥寺、２００７年に三鷹市牟礼に移転）まで徒歩約30分。私は自転車で15分の通学をしていた。

高校に入って間もなく、また〝事件〟が起きた。ある日、高校から帰るとアパートの前に引っ越しの2トン車が止まっている。引っ越し業者の人が運ぶ荷物に見覚えがある。エッ、俺の机じゃねえの！　見ると、伯父さん（父の姉の夫）といとこが作業を手伝っている。伯父さんは私に、あっさり言った。「今日から俺の家に住むんだ」

あまりにも急な話にあっけに取られていたが、物事は既定方針通りに手際よく進んで行った。親しんだ多くの本は、やむなく捨てた。伯父さんの家は港区の東京タワーのそばにあった。私は母と別れ、独りぼっちの〝居候〟になった。

その年の夏休み。伯父さんの勤め先（横浜市港北区）でアルバイトをすることになった。

従業員30人ほどの写真印刷会社で、伯父さんは経理担当の専務だった。仕事は写真の現像・焼き付けなど。父の趣味が写真で、カメラを数台持っていたから、何かの縁を感じた。

初めてのアルバイトだったが、意外に面白かった。デジタル時代はまだ来ていない。暗室でのフィルム現像、露光、焼き付け、定着、水洗い、乾燥。現像液に浸した印画紙に撮影された画像が少しずつ浮かび上がる時のワクワク感、画像に濃淡やコントラストをつける方法。私はそれらの技術を、周囲が驚くほど早く吸収した。「バイトにそこまで教える必要はない」ではなく、「やってみろ」と励ましてくれる人が多かったのも幸いだった。

私はバイトが楽しく、夏休みが終わっても続け、だんだん高校に行かなくなった。

生涯の伴侶と出会う

横浜の写真印刷会社でのアルバイトが楽しく、また仕事が多忙で、ますます高校に行かなくなった。

もっと深刻な問題は、東京・港区の伯父宅での居候暮らしだった。よく知られる「居候三杯目にはそっと出し」という川柳は、ご飯のお代わりにも気を使う居候の気持ちを詠んでいる。肩身が狭く、自由がない。窮屈で、いたたまれなくなった。

ある日、父が三宅島からやって来た。知らない女性を伴っていて、私に「新しいお母さんだ」と紹介した。伯父宅への引っ越しといい、継母の出現といい、突然の出来事である。何の前触れもなく、急に「新しいお母さん」と言われても、すぐに受け入れられるわけがない。そんなこんなで、私は居候生活と別れる決心をした。

転居先は神奈川区白楽のアパート。バイトの職場が日吉なので、通勤にも便利だ。間取りは4畳半1間、トイレ・風呂なし。それでも1人住まいは気楽だった。近くの銭湯に通うのも楽しみだった。家賃は確か6千円。バイトで得る給料は月額3万5千円前後だったと思う。

アパートの住人には地元の神奈川大学や慶応大学の学生がいた。時は1970年、まさに〝70年安保闘争〟の真っただ中である。学生たちはよく集まって議論していた。高校1年の私には政治問題は難解だったが、部屋の隅で学生たちの議論を聞いていた。

テレビでは連日、学生らのデモ隊と機動隊員の激しい衝突の様子が放映されていた。伯父の家に居候している頃、友達と港区芝公園あたりまでデモを見に行ったことがある。交番に火炎瓶が投げ込まれ、炎上した。むき出しの暴力による対決を目の当たりにした。私たちは機動隊員につかまり、「大学生か」と詰問された。「高校生です」と答えて切り抜け

(13)　3版　第3種郵便物認可　神奈川新聞

"反安保""反公害"訴え　反戦デー

中央集会に10万人

全国では36万余人　一部で警官隊と衝突

県下でも平穏に

演壇に爆発物?

22日から一部授業再開

伊勢佐木町通りをデモ行進

安保闘争の模様を伝える1970年10月22日の神奈川新聞

た。

　そういう経験があったので、アパートで大学生たちの議論が交わされた時、私は「暴力はいけないと思う。学問のある学生たちが、なぜ話し合いで解決できないのか」と疑問をぶつけた。周囲からどんな反応があったか、記憶はない。

　私はその秋、法政一高を1年で中退した。

　学業も仕事も、中途半端だった。「技術を身に付けろ」という父の勧めで都立港工業高校に編入したが、結局、学校には行かず、バイトをしていた。そんな折、バイト先の先輩に紹介されてK電機工業でバイトをすることになった。東京都中央区の八丁堀に会社があり、50人以上の社員を抱えて幅広く電気工事を手掛けていた。白楽から新横浜のアパートに移った。

身分は依然としてアルバイト。初めは「あれをもってこい」「これを運べ」の使い走りだったが、少しずつ道具や材料の知識を身に付けていった。私はK電機で初めて、後に私の主たる仕事になる「電気」を知り、さらに生涯の伴侶となる片岡文子と出会った。私18歳、彼女は20歳だった。

21歳で独立し、結婚

K電機工業では1年半ほどアルバイトとして働いただろうか。そこで初めて電気の仕事に携わった。電気の知識はゼロ。もともと、電気系はあまり好きではない（小学生時代、建築家になりたいと思ったことがあり、図面を読むことや引くことは好きだった）。しかし、好き嫌いなど言っていられない。働かなくては、と覚悟した。

仕事上の初歩的な失敗は数多い。ある部品に電気が流れていることを知らずに、ドライバーを持った手でうっかり触れてしまい、ドライバーが吹っ飛んだ。真冬の倉庫で石油ストーブをつけて図面を引いていた際に不完全燃焼に気付かず、一酸化炭素中毒で倒れ、火事になった。

救急車、消防車が来て大騒ぎになった。私はうつぶせで寝る癖があり、その時もうつぶせで、あまり煙を吸わずに助かった。「あおむけに倒れていたら、だめだった」と言われた。ビル3階の塔屋で配管工事の手伝いをしていて転落し、たまたま盛り土の上に落ちて命拾いをしたこともある。全て私の不注意だった。

「潮」の応接室で。天井のエアコンにはもちろん、ハイブリッドファン

K電機工業はコンピューターを置くクリーンルーム関連の仕事もしていた。当時、コンピューターを導入している会社は、ほとんどが上場企業。1台数億円という非常に高価なシステムだ。クリーンルームは温度や湿

度などの環境を整備し、セキュリティーや防火対策をする。その現場で、私は各社の営業マンやシステムエンジニア（ＳＥ）らと知り合いになった。

コンピューターの搬入や起動、休止などは土日や連休に行われることが多い。ある休日、旧知の人が作業現場から緊急電話してきた。「コンセントが1個足りない！　なんとかしてくれないか」。高価なコンピューターも、コンセント1個ないと稼働しない。現場の技術者たちは仕様書に基づいて仕事を進めているのだが、仕様書の追加や変更があり、こういうケースが意外に多い。困っている人の頼みを断れないのは父譲り。私の車にはドライバーとペンチなどの道具一式は積んでいる。手を尽くしてコンセントを扱う店を探し、何とか間に合わせた。緊急出動は何度もあり、私の仕事ぶりは少しずつ周囲に認められていった。

やがて、コンピューター大手会社の課長から「仕事を回すから、やってみなよ」という声がかかった。私はK電機工業を辞め、一本立ちした。従業員は私1人の個人事業主である。

私と片岡文子は交際を重ねた。食事をし、東京都中野区に住む彼女を車で送って行った。私たちは、横浜・大倉山（港北区）のアパートで同居を始めた。6畳2間と4畳半、今度はバス・トイレ付きである。彼女はすでにK電機工業でのアルバイトを辞め、東京・恵比寿のコンピューター関連会社に勤めていた。

1975年、私が21歳、文子が23歳の時に結婚。東京駅に直結するルビーホール（旧・鉄道会館）で披露宴を開いた。

“門前払い”に屈せず

独立したといっても、待っているだけでは、仕事は“降って”こない。仕事は、取りに行くものだ。

ある企業がコンピューターを導入するという情報をつかんだ。そのクリーンルームを造る仕事の一部でももらえないかと、その会社を訪ねた。が、担当者に会うこと自体が至難だった。門前払いが1週間ほど続いたある日、ついに面会がかなった。後に知ったのだが、受付の女性が毎日やって来る私を気にかけて、担当者に伝えてくれたらしい。

やっと会えた担当者は、私の必死さと熱意に応えて「コンセント2個」の仕事をくれた。この小さな実績が、後に数千万円の仕事に結びつく。そこに至るまでに多くの人が私をフォローしてくれた。他社の営業マン、システムエンジニア（SE）、カスタマーエンジニア（C

ＯＡフロアの一例。電話線やＬＡＮケーブルなどの配線を通すために床が二重構造になっている

Ｅ）…。事を成すには、周囲の協力が欠かせない。

やがて、一つの転機が来た。クリーンルームの全システム工事を、私１人で引き受けることになったのだ。大仕事だが、不安があった。私は基本的に〝電気屋〟で、電気のことしか分からない。全システム工事となれば設備・空調・内装はもちろん、配線のため床を二重構造にするＯＡフロア、消火設備など全てを扱わなければならない。どうしようか…。そんな時、父の言葉を思い出した。「おまえ１人ができることは高が知れている。だから『できる人を使える人間』になれ」

目が覚めるようだった。それまでの現場体験で、私はさまざまな業種の人や技術者と知り合った。彼らの力を借りよう。私は彼らに相談し、協力を得て、全システム工事を無事に完了させた。

話の前段で「門前払い」のことを書いたが、仕事には諦めない精神が必要だと、つくづく思う。東京電力（東電）との交渉も、そうだった。

専門的な詳細は省くが、電気工事は電力の供給が不可分だ。一つの工事を始め、完了するまでに、東電との間で膨大な量の書類のやりとりが行われる。独立したからには、それらも1人でこなさなければならない。

例えば、トランス（変圧器）に関する申請書がある。その書き方が分からない。教えてもらうしかない。私には、子どもの頃から、「分からないことをどんどん聞く」習性がある。で、東電に日参した。しまいには「あんた、また来たのかよ」と煙たがられた。一つの案件で20回ほど押しかけただろうか。やっと書類が通った時、私は担当者や関係者ら10人を超す人に、手土産を持って心からの感謝の気持ちを伝えて回った。

こうしてみると、わが人生では父の教えや読書体験が、ふとした時によみがえり、私を導いてくれている。だから、父は読書を勧め、人の話をよく聞けと諭したのだ。「まかぬ種は生えない」からと。父は、こうも言っていた。「相談できる人を持て。人生の宝物になる。そして感謝の気持ちと礼節を忘れるな」

「潮特殊設備」を設立

21歳の時、横浜・大倉山（港北区）のアパートの一室を拠点に、個人事業主として仕事を始めた。これが私の〝創業〟である。

同じ時期に、妻・文子と2人で自分たちの墓を持った。場所は静岡県富士宮市にある富士桜自然墓地公園。三宅島にルーツを持つ田中家だが、「俺の田中家は、ここから始まるんだ」という決意を込めていた。

コンピューターのクリーンルームの仕事は順調だった。大手コンピューター会社の幹部や技術者ら、それまでにつながりができた多くの人々が、積極的に仕事を出してくれた。前に書いた「コンセント1個」の緊急対応や、こまごました仕事を積み上げてきたことが評価された。旧知の人が困っていれば、損得抜きに力を貸した。そういう中で人間関係が育まれ、強い絆が生まれた。周囲の方のおかげで、1年目の売り上げは約3千万円。それが年ごとに伸びて、3年後には1億円を超した。

ここで、仕事に対する私の考え方を書いておこう。例えば、クリーンルームを造る作業

クリーンルームでは空気中の微粒子の数や温度・湿度・室圧の管理が求められる（写真はイメージ）

は多岐にわたり、それらが複雑にからみ合っている。あらゆる部分の数値が記されていて作業の基礎になる「設置諸元書」を机上に積み上げると厚さ50センチに及ぶ。私はK電機工業で初めて「電気」に出合って以来、経験と勉強を重ね、広範な知識を蓄えていた。

最初は電流に直接触れてしまうほどの素人だったから、分からないことばかりだった。分からなければ「何が分からないのか」を人に聞き、教えてもらえばいい。分からないまま放っておくと、進歩がない。疑問から逃げずに、分かるまで聞くというのは私の子ども時代からの習性である。そこで大切なのは相談相手だ。「良き友と相談相手は人生の宝」と父は言っていた。

諦めない精神も重要だ。ご用聞き（営業）に出る。担当者に顔を覚えてもらうのが第一歩。しかし、毎日訪問しても会えない。しまいには、うっとうしく思われる。それでも、こちらも仕事なのだから、目的を達成するまで通う。せめて何らかの形を残すまで諦めない。信念と行動は、いつか結果につながる。それは「自分に負けたくない」という意志でもある。

24歳の時に長男・勇気が誕生した。人生の大きな節目に、私は具体的な目標を立てた。「30歳までに会社を設立し、自分の家を持つ」。家に関しては27歳で横浜市金沢区のマンション（３ＬＤＫ）を購入した。

仕事の面では売り上げが伸びるにつれて人手が足りなくなり、個人事業を会社組織に変える必要に迫られた。資本金をどうするか。妻に相談すると「私が援助する」と出資を快諾してくれた。

１９８２年11月15日、横浜市神奈川区のマンションの一室を借りて「潮特殊設備株式会社」を設立した。この日は、敬愛する坂本龍馬の誕生日にして命日（旧暦）である。私は龍馬の享年（満年齢で31）よりも若い28歳だった。

小さな〝おせっかい〟

潮特殊設備はマンションの一室を借りて事務所にした。８畳ほどのスペースだった。それでも、当時、コンピューターのクリーンルームを専門にする会社はまだなかったと思う。

社名に、なぜ「潮」を冠したのか。私は三宅島で生まれ、幼少期を過ごした。小さい頃から海に親しみ、海が大好きである。海にちなむ「潮」という言葉のイメージ、字も好きだ。すでに社名に「潮」を付けていた会社の経営者が知り合いにいて、私は「新しく起こす会社に『潮』を使いたいのだが」と相談して〝許可〟を得た。

潮特殊設備は社長の私を含めて総勢４人。営業担当が３人、事務員が１人。この営業マンの活躍が、新しい会社の浮沈の鍵を握る。

彼らに具体的な目標を与え、「毎日、ご用聞きに行け。少なくても週4回は通え」とハッパをかけた。逃げるな、諦めるな。信念と行動は、いつか結果につながる。ベストを尽くした結果が失敗でもいい。なぜ失敗したか、どこが、どう間違えたのかを明確にして次に生かそう――。

「潮」の社内で。社名は故郷の三宅島と大好きな海にちなんだ

私は創業当時から「至れり、尽くせり」を社のモットーにしている。お客さまの立場に立って物事を考え、提案する。多角的に物を見て気を配り、〝小さなおせっかい〟を焼く。そのための情報集めの場は、夜の飲食を伴う席であったり、マージャン卓を囲む場のこともある。

例えば、取引先の相手だけでなく、その家族の結婚、出産、入学、進学、新築…。そういう節々に〝おせっかい〟を焼く。「おめでとうございます」と祝意を表す。褒め、励ますことは大切である。これは、経営者として自社の社員と日常的に向き合う際にも言える。

こんな〝おせっかい〟もある。

クリーンルームの現場には、たくさんの業種の業者が関わっている。その場合、往々にして「うちの仕事はここまで」と線引きをしがちだ。すると､線と線の間に隙間ができる。それが、トラブルの元になる。そこで、隙間を埋める仕事を引き受けるのだ。

面倒だし、その部分の利益はないかもしれないが、私は「そこまでやらなくても…」とは考えない。それによって、全体がうまく運べばいい。大局的に見れば、そういう仕事に対する姿勢が、やがてプラスになって返ってくる。アルバイト時代の「コンセント1個」の緊急出動から、私は時に損得抜きに働いた。やり過ぎて失敗したこともあるが…。

言われたこと「しか」しない人、言われたこと「すら」やらない人、言われたこと「以上」にする人。人はさまざまだ。「やってみせ、言って聞かせて、させてみせ、ほめてやらねば人は動かじ」。かつての連合艦隊司令長官、山本五十六元帥のこの言葉を、私は心に刻んでいる。

小さな会社だが、少数精鋭。業績は上昇を続けた。

57歳、早過ぎた父の死

潮特殊設備（現・潮）は1982年の設立以来、順調に業績を伸ばしていった。社員数も当初の4人から6人、10人と増え、それにつれて事務所が狭くなり、横浜市内で数度、本社を移転した。

会社が好調な歩みを続ける中で、85年6月22日、父・昭三郎が亡くなった。まだ57歳だった。

三宅島漁業協同組合（漁協）に勤めていた父は、都内勤務を経て、当時は故郷・三宅島で働いていた。仕事を終えて帰宅し、風呂上がりに倒れたという。後に脳梗塞と判明した。島には総合病院がないので、重篤な患者は通常、消防庁のヘリコプターで東京都内の病院に運ばれる。父が倒れた日はあいにく荒天で、ヘリが飛べなかった。私たち一家と深い関係があった世界的な海洋生態学者ジャック・モイヤーさんが「米軍のヘリを飛ばしてもらえないか」と動いてくれたが、諸事情でうまくいかなかった。1日か2日、天候の回復を待っただろうか。父は消防庁のヘリで東京都渋谷区の都立広尾病院に入院した。

父には心筋梗塞の前歴があり、倒れた前年には交通事故に遭って、頭部に傷を負っていた。別の病院の院長をしていた親戚の医師は「昭三郎が心臓で倒れるなら分かるが、脳梗塞とは…。やはり、交通事故の影響かな」と話していた。

入院しても、父の意識は戻らなかった。最期の覚悟をした私は父の手を取り、耳元で「あ

父が眠る三宅島（絵はがき「三宅島旅情」から）

りがとう」と言った。その声が聞こえたのか、父は私の手を弱々しく、しかしはっきりと握り返した。入院3日後、父は静かに逝った。

都内の葬儀場で荼毘《だび》に付した。多くの人が通夜に参列してくれた。その数は500人を超えたと思う。父が東京でも広い交友関係を築いていたことを改めて知った。父の奮闘が誇らしく、胸が熱くなった。

その後、父の遺骨を抱いて継母（父は再婚した）と三宅島に向かい、納骨したことはすでに触れた。父は田中家の分家なので墓がない。継母が父の故郷・三宅島坪田に墓を購入していた。

島での納骨式の参列者の多さにも驚いた。前に書いたように、漁協、農協、村議会はその日を休日にして対応してくれた。参列者は延べ１５００人以上。故人をしのぶ声があちこちにあふれ、私はそこでも、父の人柄を再認識した。

早過ぎた死だが、父は多くのことを私に教えてくれた。「本を読め、人の話をよく聞け」「まかぬ種は生えない」「年上の人と付き合え」「感謝を忘れるな、礼節を欠くな」「自分のしたことは必ず自分に返ってくる」などなど。

父は、かねがね「おまえを大学にやれなかったことが悔やまれる」と言っていた。私の妻にも、同じことを話していたそうだ。しかし、私はこう返す。「学歴はなくても、俺はちゃんとやってきたし、これからも頑張るから安心してくれよ」

〝反乱〟で13人が退社

父の死（１９８５年）後も潮特殊設備の業績は上昇を続け、社員は16人に増えた。本社事務所を横浜市西区のビルの１室（約１８０平方メートル）に移した。

順調だったが、私が35歳を迎える年に異変が発生した。役員を含む13人が〝反乱〟を起こし、89年１月に退社してしまったのだ。全社員（私を含む）16人のうちの13人である。

会社が順調な時期は横浜スタジアムを借りて野球大会を楽しんだことも

その経緯を振り返ってみる。

私は自分の体験に基づいて、仕事に対する姿勢を社員に説いてきた。何度か触れた例だが、業者から「コンセント1個を何とかしてくれ」という緊急要請がある。コンピューターが、コンセント1個のために動かない。他社に頼んでもらちが明かないから、うちに要請が来たわけだ。困っている人を助ける。利益や損得の問題ではない。地味な対応が、いつかは別の形で実りをもたらす。

「至れり、尽くせり」を会社のモットーにして、気配りの大切さを教えた。例えば、営業相手の冠婚葬祭や家の新築、子どもの進学などの情報をつかみ、相応の祝意を表す。そういうための出費なら、社としての大義名分が立つ。酒席を設けることやゴルフ、マージャンの付き合いも、人間関係を築くために必要だ。そのための出費なら、いくらでも出そう。

ところが、ある時、1人の社員が大義名分の立たない〝裏金〟を使ったことが判明した。それを渡された会社の担当者が電話をくれ、私は何事かと駆け付けた。担当者は黙って、封筒を机上に滑らせた。開けようとすると制された。部屋を出て調べると、現金が入っていた。

私は激怒して帰社し、当人を強く叱った。後で考えると、その出来事が〝反乱〟の呼び水になったようだ。

〝反乱〟前年、11月ごろに旧知の大手得意先から電話が入った。「俊ちゃん、知ってるか。A君が潮を辞めるらしいぞ」。他にも数社の幹部から電話をもらった。「B君が『僕たちが潮を辞めたら、社長だけでは仕事を回せない。潮はもうだめだ』と言っている」

当初、退社と聞いて、思い当たる社員が3人くらいいた。しかし、現実は13人。うち、役員は3人。みんな私が手塩にかけて育てた20代の若者で「将来の社長候補」と踏んでいた者もいた。

さて、どうするか。退社を翻意させる気持ちはなかった。無理に引き留めれば、必ず禍根を残す。会社法に基づいて役員を「特別背任罪」に問うこともできるだろうが、法廷闘争になれば大変な労力と時間がかかる。泥沼の長期戦になるかもしれない。

私が最終的に決めたのは「お客さまに迷惑をかけないこと」だった。13人が一時に辞めてしまえば、それまで社が抱えていた仕事を、実質的に私1人でこなすことはできない。それではお客さまに迷惑をかけ、信頼を失う。私は、退社する彼らに、わが社では抱えきれなくなる仕事を渡すことを考え、得意先などにお願いの手紙を書いた。

自分を超える後輩を

退社する13人は別会社をつくるらしい、と聞いた。私は得意先に手紙を書き続けた。当時、300~400社くらいの得意先やユーザーを持っていた。手紙は大要、こんな内容である。「潮を出て行く彼らとは縁が切れますが、みんな私が育てた若者たちで、仕事ができます。彼らにこれまで通り、仕事を回してやってください。私どもが持っているノウハウや図面、資料など、必要があれば提供いたします」

本心では〝反乱〟に腹が立ったが、私にも落ち度があったかもしれない。反感を買う要素がなかった、とは言えない。それなら、何よりもお客さまに迷惑をかけないことを第一に考えよう…。

潮を退社する者が、長年、潮と深い関係にある会社を訪ねて、仕事をくださいと頼んだそうだ。応対に出た人は、私の手紙を承知の上で、思わず「この仕事は、おまえんとこの社長（私）と、うちの専務が作り上げたもんだ。帰れ！」と叫んでしまったという。その話を聞いて、私は少しうれしかった。

また「どんなやり方で仕事を取ろうと自由でしょ」とかみついた者がいた。私は「自由は、何をやってもいいということじゃない。自由にもルールがあるだろう」と答えた。「筋を通す」「礼節を忘れない」という父親の教えを私は受け継いでいた。

それでも、退社する13人は、私が採用し、共に働いてきた仲間だ。元暴走族もいれば、教育者の息子でありながら満足に字が書けない者もいた。彼らを手取り足取り教え、指導した。かつて私がアルバイト時代に学んだ電気の初歩知識、配電盤やトランス（変圧器）の役割、図面の見方、クリーンルームの構造、業者との付き合い。ゼロからスタートする彼らは、昔の私を見るようだった。

「自分より偉くなる後輩を育てる」。これは、今に続く私の信念である。その点で、幕末

国指定史跡・松下村塾。2015年に世界遺産に登録された(1965年撮影)

の松下村塾を拠点に高杉晋作、久坂玄瑞、伊藤博文、山県有朋らの英傑を輩出した吉田松陰を尊敬している。どの世界にも、仕事上の知識や経験を自分だけのものに囲ってしまう人が少なからずいるが、私はそれらを公開し、共有するようにした。自分を超える後輩を育てるために。

得意先から〝反乱〟の1報が入り、13人が退社し、仕事の整理に追われた半年ほどの間、睡眠時間は1日2、3時間だった。残された社員が私を含めて3人では、私がフルに動くしかなかった。それでも、揺るがない人間関係と仕事の土台ができていた。年間1億円ほどの仕事が残った。

退社した13人は新会社を起こしたが、後に分裂した。父が言った言葉──「自分がしたことは、いつかわが身に返ってくる」を思い出した。

離合集散は世の常。現在、13人のうち4人が自分の会社を経営している。彼らが私が教えた仕事の延長線上で活躍していると考えれば、むしろ悔いはない。

再出発と利他の精神

1989年1月、潮特殊設備の役員と社員合わせて13人が退社し、残ったのは3人。私と女性事務員と営業担当だ。不安はあったが、退社組が手を出せない、私が長年かけて築いてきた人間関係に基づく仕事は数社が手元に残った。

一例が、県内一円に強固なネットワークを持つ某大手金融機関である。全支店を合わせて数十店舗のコンピューターのクリーンルームのメンテナンスや新規設置などの仕事で、年間1億円ほどの売り上げがあった。将来に少し不安は感じたが、現実には利益が出ている。社員3人で1億の売り上げを計上できれば、十分やっていける。3人を三角形に見立てれば、構造的にはシンプルだが、最も強固だ。

とは言っても、現場を取り仕切れるのは私1人だから、文字通り、寝る時間がない忙しさだった。現場で朝の打ち合わせに出て、あれこれと指示を出し、作業に立ち会い、合間に図面を引き、見積書を作り、夜は接待…。睡眠時間は毎日2、3時間で、家には着替え

「潮」の執務室でパソコンに向かう

に帰るくらいだった。
もともと、私は徹夜作業には慣れている。金融機関に限らず、クリーンルームに関する仕事は、金曜日の営業終了後に始まり、月曜日の営業開始前までに終わらせなければならないケースが多い。だから3日間の徹夜作業は珍しくない。
そういう突貫的な、きつい仕事を請け負う業者は、なかなかいない。潮は、他社が嫌がる仕事を引き受けてきた。それが注文主の信頼を生み、後に「店舗全体の改修をやってくれ」という仕事につながったこともある。内装から空調設備、備品に至るまでを請け負う大仕事だった。
13人が退社した年の4月以降、業務は少しずつ落ち着きを取り戻していった。困難に遭った潮に対して従来の信義を失わず、協力と支援を惜しまなかった多くの得意先のおかげである。いくら感謝しても、しきれない。

私は「仕事を取る」ことに、いささかの自信を持っていた。仕事は人間関係から生まれる。基礎はコミュニケーションである。そこに「リンゴがなっているから取りにいく」ではなく、「この人なら」と見込んだ人と誠意をもって付き合っていると、いつかはリンゴの花が咲き、実がなる。

そこで大切なのは「なった実（利益）」を互いに享受することだ。利益を独り占めしてはならない。むしろ、自分より、いや自分を犠牲にしてでも他人の幸福・利益を願う。「利他の精神」と呼んでもいい。何度も触れた「コンセント1個の緊急要請」は「利他の精神」に通じるのではないか。

新しい得意先を開拓し、業務は徐々に拡大した。現場が増え、人手が足りなくなって、新しい社員を雇った。

94年、私が40歳の時、横浜市西区北幸のビル1フロア（約100平方メートル）を借りて事務所を移した。社員は28人になっていた。

横浜中法人会に入る

話の向きを変えて、地元経済団体とのつながりについて書く。私はこれまでに複数の団体に入会したが、現在まで会員として活動を続けているのは公益社団法人・横浜中法人会なので、そこでの話が中心になる。

私が潮特殊設備を設立した頃、横浜青年会議所（ＪＣ）やライオンズクラブ（ＬＣ）といった団体があることくらいは知っていた。しかし、全く関心がなかったので、団体の相違や活動について無知だった。若さもあって、時にはＪＣを「金持ちの暴走族の集まり」などと公言してはばからなかった。

私は横浜のライオンズクラブ、ＪＣ、横浜中法人会の会員になったが、在籍期間が重なった時期もある。いずれも、先輩に勧誘されて〝消極的に〟入会したものだ。

その前段として、私が24歳の時、後の人生に大きな影響を与えた恩人との出会いがあった。貸しビル業で知られる永岡興業（本社・横浜市西区）社長の永岡豊さん。潮特殊設備を設立する前の、個人事業主の頃だ。

永岡さんが所有するビルのテナントであるコンピューター関連会社の仕事で、私は永岡さんにあいさつに伺い、「電気をどこから引くか」など、もろもろの相談に乗っていただ

横浜中法人会が入るビル＝横浜市中区不老町

いた。それが縁で、現在まで40年を超すお付き合いが続いている。今でも毎週のように、75歳の永岡さんとゴルフを楽しんでいる。

　その人から「法人会に入れよ」と誘われたのだが、若気の至りで関心がなく、入会を先延ばしにしていた。私が地元・横浜の経済団体に無関心だったのは、それぞれ目的と理念を持っているのだろうが、行動が伴っていないように見えていたからだ。私は経済団体の使命は「人材育成」に尽きると考えている。そのあたりの実績がはっきりせず、単なる〝仲良しクラブ〟にとどまっているように思い込んでいた。

　とは言っても、外から見ているだけでは、組織の内実は分からない。永岡さんの誘いを断り続けるわけにもいかず、28歳で潮特殊設備を設立した1982年、私は横浜中法人会（当時は社団法人）に入会した。しかし、もとより〝消極的加入〟だから、数年間はほとんど活動しなかった。

これまで「仕事は人間関係から」と何度も書いたが、当時の私には横浜は〝他人の土地〟だった。知り合いも地盤もない私が、今日に至る人脈をつくることができたのは、優れた先輩との出会いをもたらしてくれた法人会のおかげである。

父は、成人した私に、よくこんなことを言ったものだ。「大衆的な居酒屋もいいが、週に一度、いや月に一度でいいから、無理をしてでも、一流と言われる店に行け。そこには、地元の一流の人が集まっている。決まった曜日に通って、まず顔を覚えてもらえ」

もちろん、そういうアプローチが絶対とは言わないが、私は未知の夜の世界に足を踏み入れた。

青年部会の部会長に

法人会は「良き経営者」「納税意識の向上」「良き社会貢献者」を目指す全国で約75万社が加盟する組織である。税務署の管轄地域ごとに存在し、税のオピニオンリーダーとして

横浜中法人会青年部会の部会長時代の私

はもとより、会員の研さんを目指す各種の研修会やボランティア活動など地域に密着した展開をしている。

私が28歳で入会した横浜中法人会は、中区と西区が活動エリア。横浜経済の中核を成す地域だ。数年はほとんど活動しなかった私だが、潮目が変わったのは青年部会のメンバーになってからだ。この部会は法人会の中枢で、当時はメンバー70人ほど。部会長は横浜青年会議所（ＪＣ）の元理事長、竹内一夫さんだった。ＪＣの在籍可能年齢は40歳までだから、法人会にはＪＣの〝卒業生〟が多い。

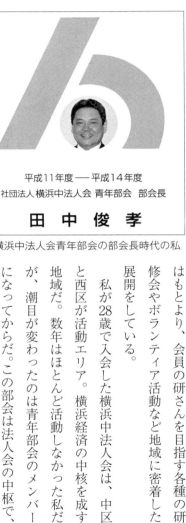

私は竹内さんの好意で、少しずつ自分の考えを発表する場を与えられた。日頃の思いが噴き出した。

「経済団体は地元の、また日本の人材を育成・輩出することが最大の使命と思います」「崇高な理念を掲げても、それを行動に移し、具体化しなければ、絵にかいた餅です」「〝仲良しクラブ〟から脱して、真剣勝負しましょう」「研修会をその場で終わらせず、学んだことを自社で展開してこそ実りになるはずです」

当然、周囲から「生意気なやつだ」という批判と反発が返ってきた。どの世界でも、出るくいは打たれる。過激な発言は、ふたをされる。しかし、竹内さんは私を応援してくれた。1995年、阪神淡路大震災発生後、私たち法人会とJCの有志はバス2台で被災地に向かい、ボランティア活動に従事した。

数年後、私は青年部会の部会長候補に手を挙げた。反対勢力もあり、紆余《うよ》曲折を経て、99年、私は青年部会の部会長（任期2年）に就任した。44歳だった。私は2期4年を務め、管轄下にある四つの委員会に所属する会員社を精力的に回り、「理念の具体化」に努力した。

青年部の部会長に就任した年、上部団体である神奈川県法人会連合会の青年部会部会長（任期2年）に就任し、ここでも県内に18ある法人会を駆け回った。18人の部会長のほとんどがJCの先輩で、そこでもJCと法人会のつながりを感じた。

異業種の人たちとの交流は、とても勉強になった。地元政界、社会福祉団体・施設にも人脈ができた。その絆は強く、交流は今も続いている。

「一流の店に行け」という父の教えを紹介したが、ある年、いろいろな請求書を前に、ふと思いついて調べてみると、関内ほかのクラブなどに私がキープしているウイスキーのボトルは、合わせて187本あった。

永岡豊さん、竹内一夫さんだけでなく、一人一人お名前を挙げる紙幅はないが、多くの恩人がいる。それら先輩に学んで、私はここまで歩んで来た。感謝するばかりである。

6億超す負債抱える

横浜中法人会で青年部会の部会長を2002年度まで2期4年務めて、青年部会を卒業した。その後、法人会の委員会の委員長にと依頼されたが断り、横浜市西区の一部を管轄する支部の支部長を引き受けて活動を縮小した。

さて、潮特殊設備は、どうなったか。13人の退社後、勢いを取り戻し、社員が28人になったと書いた。私と長い付き合いがある、某大手金融機関の協力が大きかった。そこから受注するコンピューター関連の仕事は数多く、安定していた。経済誌の調べによる納税額ランキングで、全国約10万社のうち上位6千社から8千社の間に10年近くランクされた。しかし、順調に見えた経営に落とし穴があった。

社員が増えると、どうしても目が行き届かなくなる。手取り足取りして営業マンを育て

1997年、潮特殊設備創立15周年記念パーティーで。数年後に大きな試練が待ち受けているとは知る由もなかった

ていたのが、書類上の報告だけで済ませるようになり、実体をつかむことが難しくなった。成績が上がらない社員がいた。それだけでなく、彼が提出する「日報」にも、うそがあった。商談したという報告は、実は会社を訪ねてもいなかった。〝腐ったリンゴ〟は周囲に伝染する。やがて、売り上げ全体に陰りが出てきた。

私は経営者として失格だったのかもしれない。成績が上がらない社員を簡単には解雇できなかった。私は彼らの家族をよく知っていたし、仲人を務めた社員もいる。非情に徹することができず、給料を払い続けた。何とか所帯をスリム化し、より狭い、家賃の安い事務所を見つけて、西区から神奈川区に移った。

02年、さらに移転を考えた。知人の紹介で、ビルを経営する会社のOさんに相談に行った。すると、初対面のOさんが「あなたを知っている」と言う。はてと、けげんな顔をすると、Oさんは「数日前、道路脇に捨てられた空き缶をあなたが拾って、ごみ箱に入れるのを見ていた」とのこと。父の言葉を思い出した。「誰かが見ているからやる」のではない――。行儀作法と礼節は父の教えの基本だった。以来、Oさんは私を気に入ってくれ、所有するビルに安い家賃で事務所スペースを貸してくれた。中区山下町、約80平方㍍。社員は10人に減っていた。

さらに売り上げが落ち、人件費、家賃、業者への支払いなどに預金を崩すようになり、借り入れが増えた。Oさんは私を励まし、家賃の支払いをしばらく猶予してくれたが、一時しのぎに過ぎなかった。

この山下町時代が、私のどん底だった。税金を滞納したために、税務署員がやって来た。パソコンと電話を持ち去ろうとした。「それを持っていかれたら、全てが終わりです」と訴える私に、署員は持ち出しをやめた。

公的融資（神奈川県と横浜市）を含めて57件、総額６億８７００万円の負債を背負った。

社員も辞め、03年、私はたった1人で中区弥生町の友人の事務所に居候を始めた。49歳だった。

1人立つ決断をする

6億8700万円もの負債を抱えて、私は途方に暮れた。債権者は53機関と4人。精査してみると、それぞれの負債額は、億単位の会社もあれば、数十万円の個人もあった。長年、安定した仕事を発注してくれた県内大手金融機関の中央組織に大幅な組織改編があり、それまでの人脈があまり通用しなくなって、仕事がかなり減ったことも痛手だった。

たった1人で、何ができるだろうか。八方ふさがりである。街路樹の枝ぶりを見ては「(首をつるのに) 向いているな」とか、車を運転していて「このまま、どこかに突っ込もうか」とか、「俺の死亡保険金は、いくらだったかな。それが入ったとしても、6億円にはとうてい足りないし…」などと考える日々が続いた。

しかし、私は1人ではなかった。地元横浜の尊敬する多くの先輩たちが私を励まし、知恵を出し、支えてくれた。その誠実な話と教えから、私は「借金は最後の1円まで必ず自分で返す。自己破産はしない」と決断した。もともと1人で、ゼロから始めた仕事である。

1997年、潮特殊設備創立15周年パーティーで妻、長男と。その後の苦難を乗り切ることができたのは家族の支えもあってのことだ

ここまでの道のりは決して平たんではなかったし、危機を乗り越えてもきた。売り上げ8億円の時代もあったじゃないか。「千里の道も、一歩から」ということわざがあるけれど「6億円も、1円から」だ。自分を信じよう。

必要なことは、商売の上で絶対的な得意技を一品つくること、太い柱になるものを持つこと。例えば、街中華店なら、どこよりもおいしい独創的なチャーハンを提供する。つまり、一点突破だ。私は債権者一人一人、全員に会って頭を下げて実情を述べ、今後の心積もりを話した。

追い詰められていた2003年のある夜、先輩たちが横浜駅西口の居酒屋に私を招き、激励会を開いてくれた。そこでの出来事が、私の後半生を決めることになった。「プロローグ編」で触れた一幕である。

先輩たちの言葉に耳を傾け、飲んでいるうちに、ふと天井に取り付けたエアコンに目を向け、違和感を持った。空気の噴き出し口に、何か詰めてある。何だろうとけげんに思って、店員さんに尋ねた。店員さんは「ああ、あれですか。おしぼりを詰めてあるんですよ」と言う。「エアコンから出る風が直接、顔や体に当たると不愉快に感じるお客さまがいらっしゃるので、おしぼりを吹き出し口に詰めて、風量とか風の向きを調節しているんです」

その説明を聞き、頭の中で思考の回路が動くような感じがした。エアコンに対する客の不満は、この店に限ったことではないのではないか。いや、事務所にも家庭にも、同じことが言えるだろう。事務所の女性社員が「エアコンで体が冷えて困る」と設定温度を上げたことがあったっけ…。

後で思えば、おしぼりは〝天啓〟だったかもしれない。何かが、ひらめきそうな予感がした。一点突破のきっかけだった。

鉄は熱いうちに打て

先輩たちが私を励ますために設けてくれた席での、エアコンとおしぼりの話は後にハイブリッドファンを生むきっかけになるのだが、その席でも、私に自己破産を勧める先輩がいた。もちろん、好意からである。

先輩の意見や忠告を聞きながら、6億8700万円もの借金を抱えた私が、なぜ自己破産の道を選ばなかったかについて、改めて説明したい。

自己破産を単純化して言えば、「借金を返済できなくなった人が裁判所に申し立てを行うことで、一定の価値のある財産を清算して債権者に配当する手続き」である。その後、裁判所が免責（支払い義務の免除）を決定すれば、残りの借金が免除され、借金がゼロになる。しかし、私は「自己破産はしない。借金は最後の1円まで返す」ことにした。

背景には、父の教えがあった。父はかねがね私に「借金したら最後の1円まで返さないと、次の成功はない。たとえ、そうせずに成功しても、必ずさらに大きな借金を背負うことになる」と言っていた。「信義を通せ、逃げるな」とも。お金を貸してくれた人への責任を果たすこと、そこから逃げないこと。そういえば、私の恩師であり、恩人であった高橋秪祐《ていすけ》さん（ブタまんで有名な「江戸清」の3代目社長）も、同じようなことを言ってい

私のひらめきから生まれたハイブリッドファンは今日も「潮」から全国各地に配送される

た。私は苦しい方の道に進んだ。

さて、エアコンとおしぼりに話を戻す。居酒屋のエアコンにおしぼりを詰め、風向きと風量を調整しているのを見て帰宅したが、なぜか、そのシーンが頭から離れない。

わが家の天井にあるエアコンを見つめた。天井の中央に小型の扇風機を取り付けていた。エアコンから吹き出す冷気は下にたまり、暖気は上に停滞する。だから、暖房をつけ続けていると顔ばかりがほてり、冷房の場合は腰や足元が冷える。天井に取り付けた扇風機（天井扇）で室内の空気をかき混ぜ、強制的に対流を起こして、温度のムラをなくそうとしていた。

扇風機はモーターで回っている。エアコンの他に、扇風機を回す電気代がかかる。何か、うまい手はないか…。そうだ、エアコンから吹き出す風の力を利用してファンを回す方法はどうだろう。それなら、ファン自体には電気代がかからない。

翌日、イメージするファンの絵を描いてみた。思い立ったら、行動に移す。鉄は熱いうちに打て。時間がたつと、熱は冷めてしまう。絵を描いていると、長年、クリーンルームを手掛けてきた体験と知識が役に立った。クリーンルームには、エアコンが欠かせない。室温や湿度の安定は必須要件だ。そのための装置や部品などが、いろいろと脳裏によみがえった。

エアコンの風でファンを回すというアイデアはできたが、どんな形にすればいいのか。走りながら考えよう。今は、四の五の言っている時ではない。一点突破。私は工具や部品、材料を扱う大型雑貨店に向かった。

試作品が好評を得る

エアコンにファンを取り付けるアイデアがひらめいて、私は試作に熱中した。元々、手先を使うことは好きだったし、これまでの仕事は電気関係一筋だ。

ファンの羽根の形状、大きさ、材質、エアコンに取り付ける方法…。新製品を作るのだから、未知の分野だが、長年の現場体験が生きた。その「知識」が「知恵」を生む。「知識」の元になる体験には「人の話を聞くこと」「本を読むこと」も含まれる。それが、父の口癖の「まかぬ種は生えない」ということだった。「種」はまかれていたのだ。

　私は、アルミ製のファンにしようと考えた。フリーハンドで描いた「絵」をもとに、長さ約50センチの4枚羽根のファンを作り、エアコンに取り付けたが、ファンがうまく回らない。羽根の位置によって、エアコンから吹き出る風が当たらない場合があった。6枚羽根にすると、いくらか改善されたが、まだ羽根の回転がスムーズではない。

ハイブリッドファンはさまざまな事業所で活躍している

　では、8枚羽根に。羽根のどれかに必ず風が当たり、順調に回転し始めた。よし、これで行こう。8は「末広がり」で縁起がいいし、8を横にすると「無限大」のマークにもなり、これまた可能性を秘めて縁起がいい。

私は、手作りで5台の試作品を完成させた。その都度必要になった材料や工具を買うため大型雑貨店に通った。居酒屋でのおしぼりとの出合いから1週間はかからなかったと思う。

その5台を、金属加工会社を経営する先輩に届け、実際に使用してもらった上で感想、意見を求めた。しばらくして得た答えは「なかなか、いいよ」だった。「冷房をつけると体が冷えて困る」と嘆く女子社員は腰や足にブランケットをまいていたが、その必要がないと喜んだそうだ。「室内の設定温度を上げても快適だった」という声は新しい発見だった。まずは、成功。次の段階は、必要なデータをそろえることである。

説得力のあるデータがなければ、商品にはならない。このファンを使うことで、室温のムラがどの程度解消されるか。省エネ効果はどうか。電気代はどれほど削減できるか。放射温度計（物体から放出される赤外線の量と強度を測定して温度を測定する）を使って天井、壁、床などの室温の変化を綿密に、繰り返し計測した。

室温は微妙な要素で変化する。例えば、建築物には「蓄熱」があって、マンションの1階と上層階では、そもそもの室温に差がある。人間の体温も影響する。

利用者の声と積み重ねたデータから商品化への自信を得た私は「絵」ではなく、自ら引いた「図面」を前述の金属加工会社に渡した。作ってもらうのは、6種類の部品。その油まみれのパーツをわが家に届けてもらい、連日、夜を徹してファンの組み立てに没頭した。

こうして2004年、1200台のハイブリッドファンが完成した。多額の借金を抱えていたので、先輩に金属加工の支払いを数カ月待ってもらえたのは、とてもありがたかった。

偶然の出会いと特許

2004年、1200台のハイブリッドファンを世に送り出した。そのほとんどは、知り合いや関係者らに「贈呈」し、実際に売れたのはおよそ300台だった。なぜ贈呈したのか。それは「種をまく」ことを狙ったからだ。私が一社一社、一店一店回ってセールスするのは時間的にも能力的にも無理だった。戦力は私1人なのだ。

私が目指したのは、贈呈相手の会社や店舗を「ショールーム」にすることだった。新しい商品を見ようと人が集まる。話題が口コミで広がる。当面は、まず「知ってもらう」こと。そのための種をまく。やがて、種が芽を吹く。

2022年に東京・ビッグサイトで開かれた「冷凍・空調・暖房展」のポスター

「桃李もの言わざれども、下おのずから蹊を成す」。モモやスモモはものを言わないが、良い実をつけるので、それを取ろうと人が集まり、木の下に自然に蹊《こみち》ができる―。余談だが、成蹊大学の名は、ここからきている。

広く種をまくという戦略は今日に至るまで続いている。例えば2年に1度開かれる全国的イベント「冷凍・空調・暖房展」などに積極的に参加し、「潮」のブースを出している。口コミの力、利用者の声は何よりも強い。

話は前後するが、04年の秋だったと思う。横浜で開かれる国会議員主催のパーティーの案内状が来た。大借金があるのでためらったが、会費を工面して出席した。それが、大きな節目になったのだから、人生は分からない。

パーティー会場で、議員秘書から、1人の男性を紹介された。名刺の肩書は弁理士とある。どんな仕事をしているのかと聞かれて、ハイブリッドファンの話をした。弁理士は興味を示し、しばし考えてから「それは特許になるかもしれませんね。調べてみましょう」と言った。私の頭に、特許という発想はまだなかった。

その弁理士に頼んで、特許の出願をすることになった。「借金を抱えてお金がない」と正直に伝えると、弁理士は「出世払いでいいですよ」と笑顔で答えた。

しかし、出願は特許庁に却下された。「ほかに同じものが存在する」というのだ。私はどうしても納得できず、説明を求めて弁理士と特許庁に出向いた。先方はハイブリッドファンが電力で回ると誤解していたらしい。「電力ではなく、エアコンから吹き出る風の力で回る」と改めて強調した。

結局、再調査の結果、ハイブリッドファンの独自性が認められ、05年の夏に特許を取得することができた。製品をあらゆる角度から分析して、7点についての特許と、二つの商標が認められた。

商標は「ハイブリッドファン」と、家庭用エアコンに設置するファン「エココプター」である。特許取得でハイブリッドファンの価値は高まった。

弁理士との出会いが、苦難の道に一条の光をともしてくれた。ハイブリッドファンで一点突破――。心身に、エネルギーが湧いてくるのを感じた。

「ファンを3台送れ」

特許の取得はハイブリッドファンにとって大きな武器になるが、ストレートに販売拡大に結びつくわけではない。夜店のバナナ売りでも、ただバナナを並べているだけでは良しあしは客には分からない。品質や魅力、新しさなどを口上（ＰＲ）することが必要だ。

新しい商品を、どのようにして知ってもらうか。前回触れたように、目星を付けた事業所や店舗を一軒ずつ回るのは時間、労力、ガソリン代などを考えると極めて効率が悪い。そこでハイブリッドファンを知り合いに贈呈し、そこを「ショールーム」にして口コミの広がりに期待した。

もう一つ考えたのが、代理店方式である。私に代わって、商品を売ってくれる人を探す――。まずエアコンを扱っている全国の代理店を調べ出して、ダイレクトメール（ＤＭ）作戦に出た。ハイブリッドファンとは何か、その特徴、新しさ、メリットなどを分かりやすく書いたあいさつ状を作って印刷し、宛先は自筆である。毎日毎日、その作業に追われた。生き残りをかけた〝戦い〟である。ＤＭを送った先は、最終的に5千社を上回った。妻と

出展者が自社技術や製品をアピールする「テクニカルショウヨコハマ」(2023年２月開催の第44回の会場風景、横浜市西区のパシフィコ横浜)

長男は、毎晩、宛名書きに追われる私の後ろ姿を今でもよく覚えているそうだ。

代理店からどんな反応があるか。ドキドキしながら待った。しかし、返信は、わずか3社。現実は厳しかったが、「まだ始めたばかり。世の中、最初からそんなにうまくいくはずがない」と考え直した。代理店方式そのものは間違っていない、という確信があった。

以来20年近い月日が流れた。ハイブリッドファンを扱う全国の代理店は現在、北は北海道から南は沖縄県まで計110店に増えた。

一方で、「冷凍・空調・暖房展」などイベントや展示会に出展することも積極的に進めていた。出展には相応の費用がかかるが、なんかとやりくりした。とにかく、ハイブリッドファンを知ってもらうことが先決だ。

出展で、忘れられない出来事がある。特許を取った数年後だったか、パシフィコ横浜の展示ホールで開かれた首都圏最大級の工業技術見本市「テクニカルショウヨコハマ」（公益財団法人・神奈川産業振興センター主催）に「潮」のブースを出した（1999年に「潮特殊設備」から社名変更した）。たまたま私が不在の時に、1人の男性がブースを訪れ、ハイブリッドファンに興味を示した。その人は「ファンを3台送ってほしい」と添え書きした名刺を係員に渡して、去った。

兵庫県で家電リサイクル施設を経営する㈱松下エコテクノロジーセンター（現・パナソニックエコテクノロジーセンター㈱）の社長だった。しばらくして、社長から連絡があった。「ハイブリッドファンを付けた。とても具合がいいですね」と感想を述べ、十数台の追加注文をしてくれた。東京出張の帰路、横浜の見本市に寄ったそうだ。この出会いは、後により大きな実りをもたらす。

省エネ事例集で紹介

㈱松下エコテクノロジーセンター（現・パナソニックエコテクノロジーセンター㈱、以下「センター」と記す）が運営する家電リサイクル施設は兵庫県加東市にあり、経済産業省の近畿経済産業局と関係が深かった。同局の資源エネルギー環境部エネルギー対策課では、「省エネルギービジネス研究会」という組織の事務局を担当していた。

その研究会が省エネルギー技術の事例集「中小企業から省エネの風」を２００７年３月に発行した。あいさつ文には「中小企業の省エネルギー技術に焦点を当て、環境と経済の両立を目指している企業の取り組み内容を紹介」「この冊子を十分にご活用いただき、中小企業の省エネルギー推進の一助となることを願っております」とある。そして翌08年３月発行のＰＡＲＴ２で、ハイブリッドファンを導入したセンターと、ファンを開発した「潮」が紹介されたのだ。

センターは、第1部「省エネルギー技術導入の成功事例」で取り上げられた。まずハイブリッドファン導入前の問題点として、「空調は決まった方向に風が吹き出すため、同じ部屋の中でも、従業員の体感温度に大きな差があった」「部屋の上と下の温度差が大きいため、足元が冷えていた」「人に直接空調の風が当たることを改善したかった」と述べて

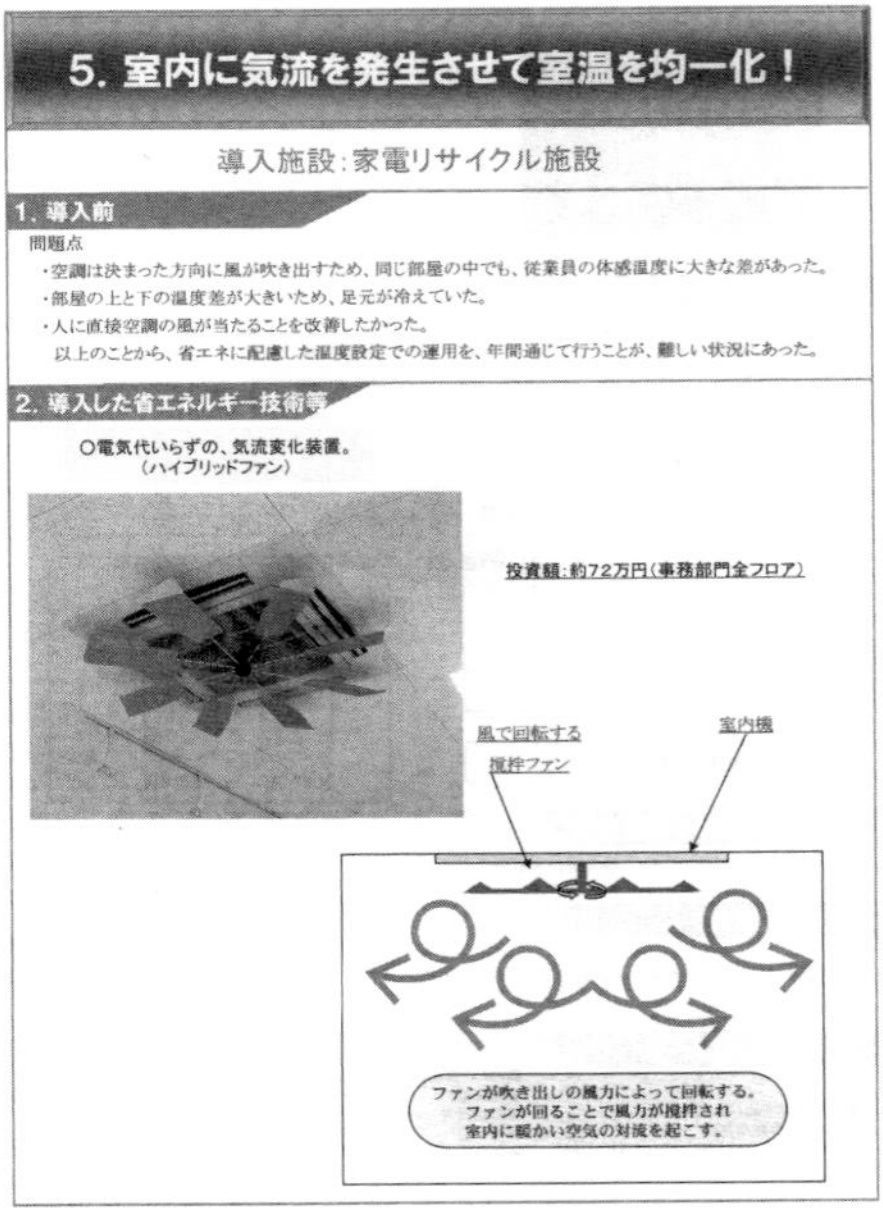
5. 室内に気流を発生させて室温を均一化！
導入施設：家電リサイクル施設
1. 導入前
問題点
・空調は決まった方向に風が吹き出すため、同じ部屋の中でも、従業員の体感温度に大きな差があった。
・部屋の上と下の温度差が大きいため、足元が冷えていた。
・人に直接空調の風が当たることを改善したかった。
以上のことから、省エネに配慮した温度設定での運用を、年間通じて行うことが、難しい状況にあった。
2. 導入した省エネルギー技術等
○電気代いらずの、気流変化装置。
（ハイブリッドファン）
投資額：約72万円（事務部門全フロア）
風で回転する
撹拌ファン
室内機
ファンが吹き出しの風力によって回転する。
ファンが回ることで風力が撹拌され
室内に暖かい空気の対流を起こす。
冊子「中小企業から省エネの風　ＰＡＲＴ２」（省エネルギービジネス研究会／事務局・近畿経済産業局、2008年３月）に載った㈱松下エコテクノロジーセンターの事例

いる。

まさに私が着目していた点だ。

それがハイブリッドファンによって、いかに改善され、効果を上げたか。二酸化炭素の年間排出量と電気料金をファン導入前と比較し、具体的に削減量と金額を提示した。さらに「その他の効果」として「終業時、天井のファンが回転しているのが目視できるので、エアコンの消し忘れ防止になる」とも指摘している。

「潮」が登場するのは第2部「省エネルギー技術シーズ」。紹介された15社のうち、関東は「潮」と東京の1社だけだった。

私はハイブリッドファンの概要、省エネ効果・費用対効果、技術的な特徴、スペック・

仕様、価格、納入事例などを記述した。また「お客さまの声」として▽エアコン回りの結露が解消（大手レストランチェーン）▽女性のひざ掛けや個人用電気ストーブが不要に（事務所）▽すしネタの乾きが遅くなった（回転すし店）▽夏場のエアコン28度設定の厳守が可能に（自動車メーカー）―などを紹介した。

国が出す冊子で「潮」のアピールができたのはありがたかったが、何よりも、ハイブリッドファンを導入した会社の「生の声」は、掛け値なしの援護射撃になる。こうして、ハイブリッドファンは少しずつ世間に知られていった。

振り返れば、センターの社長が「テクニカルショウヨコハマ」の「潮」ブースを訪れ、「ファンを3台送って」と書いた名刺を置いていったのが全ての始まりだった。縁と出会いに感謝である。

大口注文　1200台

ハイブリッドファン売り出し初期の2005年、大口の注文が舞い込んだ。1200台。注文主はフードサービス企業として居酒屋やレストランを中心に全国展開する㈱コロワイド（本社・横浜市西区）。誰が、なぜ、ハイブリッドファンに注目してくれたのか。

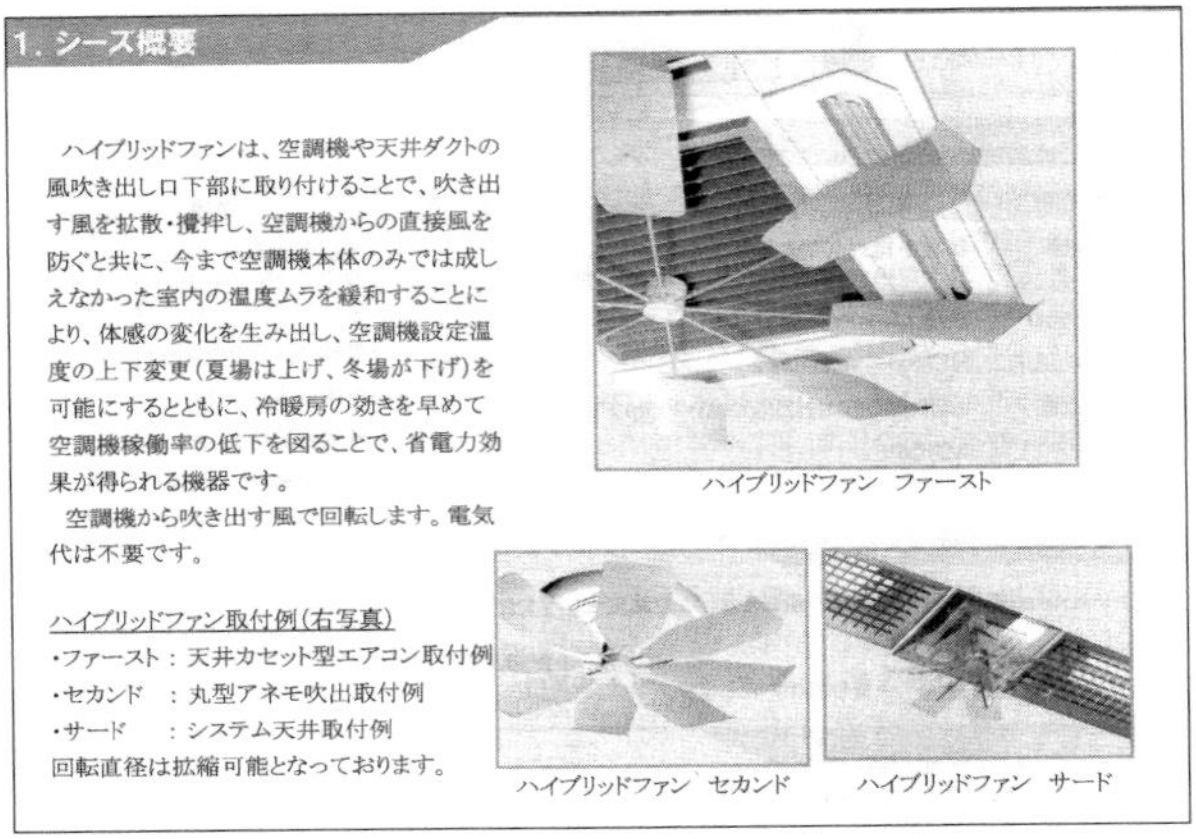
1. シーズ概要

ハイブリッドファンは、空調機や天井ダクトの風吹き出し口下部に取り付けることで、吹き出す風を拡散・攪拌し、空調機からの直接風を防ぐと共に、今まで空調機本体のみでは成しえなかった室内の温度ムラを緩和することにより、体感の変化を生み出し、空調機設定温度の上下変更（夏場は上げ、冬場が下げ）を可能にするとともに、冷暖房の効きを早めて空調機稼働率の低下を図ることで、省電力効果が得られる機器です。

空調機から吹き出す風で回転します。電気代は不要です。

ハイブリッドファン取付例（右写真）
・ファースト：天井カセット型エアコン取付例
・セカンド　：丸型アネモ吹出取付例
・サード　　：システム天井取付例
回転直径は拡縮可能となっております。

先に紹介した冊子「中小企業から省エネの風　ＰＡＲＴ２」から。ハイブリッドファンの取り付け例を紹介している

発注担当者に話を聞くと「蔵人金男社長（現・会長）の要望」という。ある日、横浜のすし店で設置されたハイブリッドファンを見た社長が、「うちの店にもこのファンを付けよう」と思い至り、首都圏中心に1200台という数字になった。

すし店のファンは、前年にPRのために知り合いや関係者に「贈呈」したうちの1台だった。以前、「種をまく」と書いた商法である。私は種がいずれ花を咲かせ、実をつけると信じていた。すし店は「ショールーム」の役割を果たし、実りをもたらせた。

こんな話もある。某社の応接室で商談が始まった。その会社の経営者は、相手がちらちらと天井を見ていることに気が付いた。経営者は後に私に「商談より、ファンに関心が向いたらしい」と笑った。これも「ショールー

ム」成功例である。

一方で、私はハイブリッドファンの改造に注力した。主眼はファンの軽量化とファン回転の改善。考えついたのが、軸を滑らかに回転させるためのベアリングの採用である。アルミ製だった羽根とともに、樹脂製のベアリングにしようとした。しかし、ベアリングを扱う問屋に「2千個」の注文をしたが、話が進まない。こちらの信用が、まだ足りなかったのかもしれない。

そこに救いの手が現れた。その問屋に納品しているトックベアリング㈱（現・㈱TOK）である。同社の営業マン、塩島章二さんが「潮」の話題を耳にしたようで、直接、連絡してきた。私は1200台の注文があり、ベアリングを使いたいことを伝えた。塩島さんは私の考えを同社の吉川社長に伝え、「やってみよう」ということになった。さらに塩島さんは「ベアリングだけでなく、ファンの全てを（組み立てまで含めて）請け負いたい」と言った。

私、塩島さん、先方のスタッフが集まってエアコンの勉強から始め、樹脂製ファンとベアリングの研究を進めた。技術系の人は往々にして「それは無理」「やったことがない」と言う。私は「なぜできないのか」「できる方法を考えてくれ」と訴えた。こちらはハイブリッドファンに命を懸けているから、つい強い口調になる。試行錯誤を重ねて、商品化が実現した。吉川社長は私の苦境を知って、支払いを先に延ばしてくれた。

コロワイドに納入する1200台のうち、半数ほどを納品し終えた頃。東京・池袋の居酒屋で、開発を担当していた十数人が飲んでいた。中には数人の〝抵抗勢力〟もいた。店の天井にハイブリッドファンが設置されていた。「うちの製品だ！」。自社の「部品」ではなく、「製品」が使われている現場を目の当たりにして、士気は一気に高まった。

背水の陣の耐乏生活

㈱コロワイドからハイブリッドファン1200台の大口注文が来て、一筋の光が差し込んだ。これには、トックベアリング㈱（現・㈱TOK）の協力が大きかった。

しかし、私の頭は会社を建て直すことよりも、6億8700万円の借金をいかにして返すかでいっぱいだった。前年の04年から12年ころにかけては、借金の返済に追われる最も厳しい時期だった。

潮特殊設備（現・潮）の業績が好調な当時の生活は一変した。今思えば、身に余るぜいたくをしていたのかもしれない。前にも触れたが、横浜・関内の一流といわれるクラブや料亭などに、計180本以上のウイスキーボトルのキープをしたり、夜の東京・銀座にも通った。年間8千万円ほどの交際費・接待費を消費した時もある。勢いだけで、ひたすら突っ走っていた。

私は自己破産せず、借金の「最後の1円」まで返済する道を選んだ。債権者は税務署、社会保険事務所、県と横浜市を含む53機関と4人。私はその人たちとの縁を切らないために一人一人のもとに毎月顔を出し、最初は「月千円」の返済から始めさせてほしいと頼んだ。当然、「ふざけるな」「すぐに全額を返せ」などと罵倒されたが、何と言われても、返済に回す金がない。

「潮」の応接室で

車、ゴルフの会員権、ゴルフクラブ、時計などは売却した。家は抵当に入っていた。私に残されたものと言えば、「潮」という会社と走行距離14万キロメートルのカローラのバン、スーツ1着くらい。下着だけは売れなかったので、たくさんあった。もちろん、飲みに行くことも、ゴルフに行くことも、マージャンの卓を囲むこともない。〝背水の陣〟を敷いたのだ。妻と息子は、千葉県にある妻の実家に移った。

それまでに、会社をつぶした先輩を何人も見てきた。人に迷惑をかけ、借金を背負っているにもかかわらず、外車を乗り回し、ゴルフをし、高級な腕時計をして遊ぶ姿に「それは違うだろ」「信義に反する」と思っていた。だから、自らが大きな借金を背負った時、まず「自身の身を削ろう」と思った。

食費から切り詰めた。例えば、コンビニのおにぎり。それまで値段を見て買うことはなかったが、当時の一番安い99円のおにぎりを選んだことを覚えている。カップ麺もよく食べた。月に1度、チェーン店の牛丼を食べるのが、食生活上の最高の楽しみだった。1着しかないスーツの襟元のほつれを、友人に指摘されたことがある。そんなことを気にする余裕すらなかった。

当時の私を支えていたのは「最後の1円」まで返すという約束を守る決意、人間としての信義、そして逃げないこと。つまり、自分に負けない気持ちだった。ある本の一節も、私を励ましてくれた。「人間に乗り越えられない障害はない。そういうものは、天が人間に与えない。だから諦めるな、希望を持て」。食費を削るギリギリの耐乏生活は2、3年続いた。

交番でお金を借りる

借金の返済に追われる中で、忘れられない人との出会いや出来事がたくさんあった。次の話は、その一つである。

ある債権者に会った時のこと。話の過程で、その人は「持っている現金を全部出せ。それから車のキーと車を置いていけ」と怒鳴った。車は前回書いた走行距離14万キロメートルのカローラバンである。私の貴重な〝足〟だ。それを取り上げられては、仕事も生活もできない。しかし、私には抗弁する資格がなかった。言われるがままにして、その会社を出た。日が暮れていた。どうやって家まで帰ろうか。手元には1円もない。徒歩で帰れる距離ではなかった。ふと見ると、交番の明かりが目に入った。

勤務の警察官に「千円、拝借できませんか」と相談をもちかけた。金の持ち合わせがない理由を正直に話せば時間がかかるし、それによって、確認の電話などをする必要が生じ

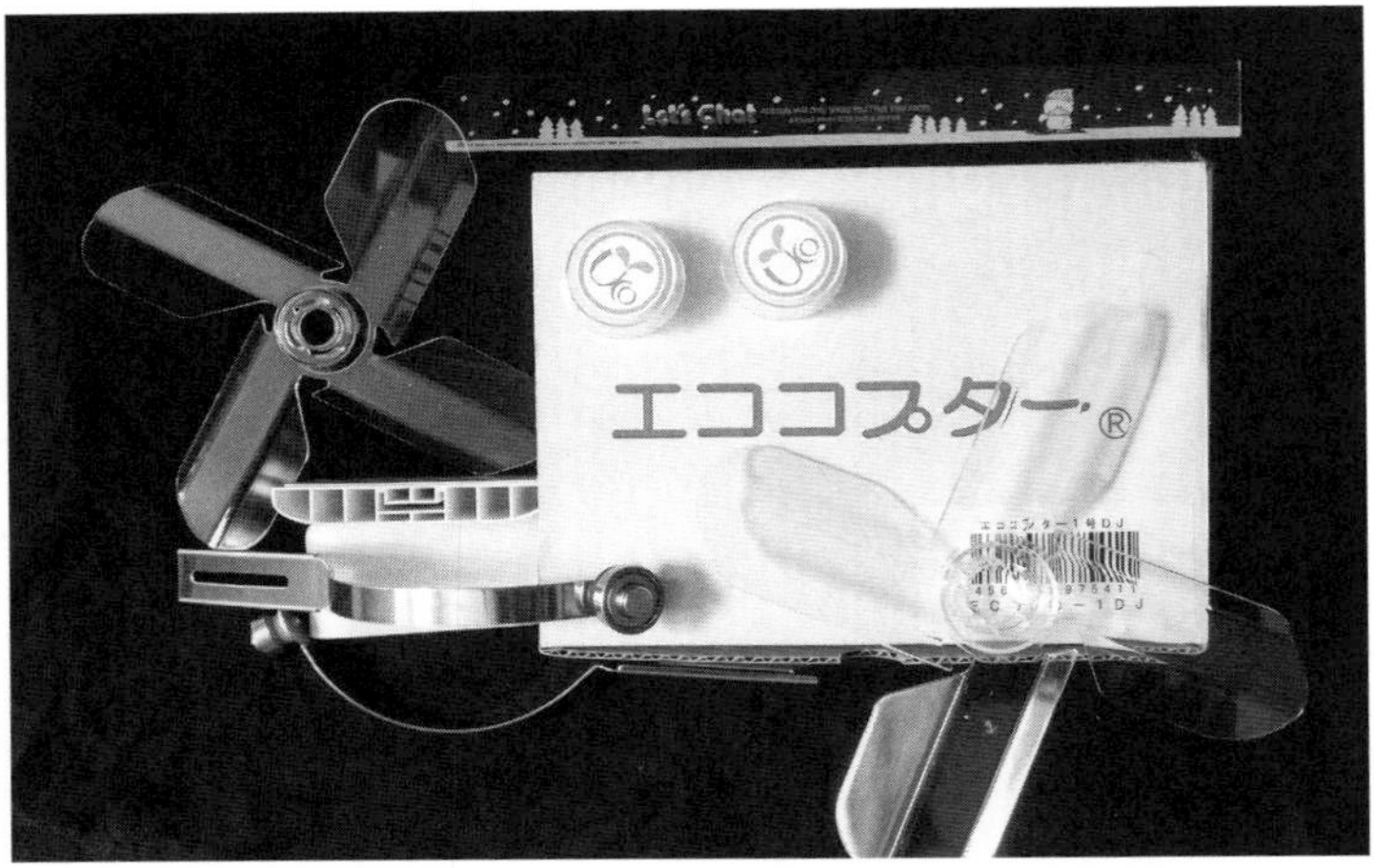

家庭用エアコンに付けるエコココプターのセット

て、さらに誰かに迷惑をかけるかもしれない。私は「どこかで財布を落としたらしい」とうそをついた。

初めは不審に思っていただろう警察官は、2、3の質問をしてから、千円札を1枚、私に差し出した。ポケットマネーだろう。私は丁寧にお礼を言って「明朝、一番で返しに来ます」と頭を下げた。直前まで、債権者から叱責《しっせき》を受けていたので、その温情が心に染みた。

翌朝、コンビニで買った手土産（千円くらいのクッキーだったと思う）を持って、交番を訪ねた。くだんの警察官は千円札を受け取ったが、手土産はどうしても受け取ろうとしない。職務規範なのだろう。私はクッキーの箱から一つ取り出して、自分の口に入れた。警察官に「どうぞ、おひとつ」と勧めた。警察官は苦笑し、「分かったよ」と言いながらクッキーを食べてくれた。間もなく債権者から「キーと車を取りに来い」という電話が入った。

さて、2005年の㈱コロワイドからの1200台注文が呼び水になったように、ハイブリッドファンの売り上げは徐々に伸び始めた。となると、少しでも借金の返済額を増やしたかった。耐乏生活はそのまま続け、「月千円」で始めた返済を5千円、1万円と少しずつ増額していった。人間関係が濃い人には、できる限り早く返済したかった。

自らを戒めたのは「一喜一憂しないこと」。売り上げが伸びたから、落ちたからと、その都度、一時的な感情に溺れないことが大切だと思った。人間は状況が良くなると自分を見失いがちだ。そこに付け入る人が出てくる。人は甘言に弱いから、自分を過信してしまう。「喜」の後にはまた「憂」が来ることを忘れてはいけない。

足元ばかり見ていると、全体が見えなくなる。進むべき方向を、しっかり見極めよう。53機関と4人に対する責任を、いつごろまでに、どのようにして果たすのか。それが長期的な最優先課題だ。ぶれずに、前へ。困難に遭遇した私を、天が試している。

「債権者」と「応援者」

ハイブリッドファンが少しずつ世間に知られるようになり、売上高も増えていった。その増収分は、借金の返済額を増やすことに回した。私にとっては、会社の再建よりも、返済が優先なのだ。

ある日、債権者である先輩に呼ばれた。改めて何事か、と心配しながら伺うと、先輩は封筒を机上に置き、私の前に滑らせて「開けてみなよ」。領収書が1枚入っていた。「潮」宛てになっている。全く心当たりがない。先輩は「『潮』の借金は全部返済してもらった。その領収書だよ」と言った。

先輩の会社には100万円ほどの借金があった。先輩は私の借金に相当する金額を自腹で工面し、肩代わりして、「潮」が支払ったことにしてくれたのだ。その領収書だった。「これで、うちも『潮』も貸し借りなしだ」と先輩は笑った。私は感激のあまり、言葉を失った。同じような領収書を私にくれた先輩が、他にも2人いた。3人合わせて、400万円前後になる肩代わりだった。

それから2年ほどたった夜。私は3人の先輩をJR関内駅前の焼き鳥屋に招いた。耐乏生活が続く私にとって、実に久しぶりの飲み屋だった。

「潮」の倉庫では大量のハイブリッドファンが出荷を待つ

席上、私は先輩それぞれに封筒を渡した。今度は先輩が不審そうな顔をした。中には現金と例の領収書が入っている。

「あの時、みなさんが肩代わりしてくれた金額が入っています。どうか収めてください」

しかし、先輩方は「もう終わったことだ。今更受け取るわけにはいかん」と受け取ろうとしない。私は再び頭を下げ、

「本来なら、金利を付けてお返ししなければいけないのですが、金利は今夜の飲食代を私が持つので許してください」と言った。先輩たちは「おまえってやつは、本当に義理堅いなぁ」と笑った。私は、何年ぶりかでおいしい酒を飲み、そして

気持ち良く酔った。今でも、その焼き鳥屋の前を通ると、あの夜のことを思い出す。

3人の先輩は「債権者」から「応援者」になっていた。実は、そういう人たちは、他にもいた。借金を減額してくれた人、あるいは借金の延滞金について減免措置を講じてくれた役所の人…。この方たちは多分、何かの形で、何かの折に、私の誠意を感じ取ってくれたのだろうか。

中国の著名な儒学者・孟子に「至誠通天」＝「至誠天に通ず」という言葉がある。「誠の心を尽くして行動していれば、いつかは必ず天に通じて認められるものだ」の意味である。

それは前に紹介した「道端の空き缶を拾って、ごみ箱に入れた私の行動を、ある人が見ていた」話に重なるかもしれない。誰かが見ているから善い行いをするのではない、陰日なたなく行動しろ―。これは私が幼い頃からの父の教えだった。

それら「応援者」たちのおかげもあって、私は2015年、61歳の時に負債（借金）の99％を返済することができた。

㈱キングジムと提携

トックベアリング㈱の営業マン、塩島章二さんは「潮」のハイブリッドファンの改良に尽力した人である。高校を卒業してトックベアリング一筋に勤めてきたが、当時、定年退職する日が数カ月後に近づいていた。塩島さんの力量と人柄を間近に見てきた私は「定年後、よかったら、うちへ来ませんか」と声をかけた。

しかし、会社の事情や意向もある。無理強いはできないし、塩島さんとその会社に、少しの禍根も残したくなかった。トックベアリングの吉川社長の理解をいただいて塩島さんは円満退社。同年11月、「潮」に入社した。

「潮」は私と塩島さん、他に男女1人ずつの計4人所帯になった。塩島さんはハイブリッドファンに深く関わってきたが、もともと営業マンである。「潮」では、商品開発・企画や展示会などに関わる仕事を担当してもらった。

まだまだ認知度が低いハイブリッドファンを、全国的に知ってもらうことが最優先課題だった。代理店を使うことを考え、全国の5千社を超す会社にダイレクトメール（DM）を送ったが、返信がわずか3社だったことは既に書いた。

もう一つの方法は、各種のイベントに自社製品を出展して、PRすることだ。塩島さん

2012年の「ＨＶＡＣ ＆ Ｒ ＪＡＰＡＮ」の「潮」ブースで。塩島さん（右端）と私（前列左）

と意見を交わしながら、いくつかのイベントに参加した（もちろん、出展には経費がかかる）が、反響は期待を裏切った。ハイブリッドファンとイベントとの〝相性〟が、ピタリとはまらないのだ。

そんな時、目についたのが「ＨＶＡＣ&Ｒ ＪＡＰＡＮ 冷凍・空調・暖房展」だった。一般社団法人・日本冷凍空調工業会が主催して東京・ビッグサイトで隔年に開催しており、43回目の来年は1月30日から2月2日にかけて開かれる。

ＨＶＡＣ&Ｒ（ヒーバックアンドアールと読む）のＨは「ヒーティン

グ＝暖房」、Vは「ベンチレーション＝換気」、ACは「エアコンディショニング＝空調」、Rは「リフリジャレイティング＝冷凍」を指す。私は「これはハイブリッドファンと見事に重なる！」と、出展に向けて動き出した。

出展には製品のPRの他に、「代理店募集」という狙いもあったが、「HVAC&R JAPAN」出展は、私の期待を大きく上回る成果をもたらした。家庭用文具と事務用品を企画・製造・販売する大手、㈱キングジム（本社・東京都千代田区）から「ハイブリッドファンを売りたい」というアプローチがあったのだ。

ファイル用品と電子文具「テプラ」を柱に、多くの独創的な商品を手掛けているキングジムは、厚型ファイルでは国内1位のシェアを誇る。たまたま、そこの常務が法政大学第一高等学校（法政一高、現・法政大学高等学校）の卒業生で、私の後輩にあたるという縁もあった。

こうして強力な援軍（代理店）を得た「潮」は、以後、上昇気流に乗ってゆく。

急成長と「リコール」

全国に強力なネットワークを持つ㈱キングジムが「潮」の代理店になった効果は絶大だっ

た。

ハイブリッドファンの売り上げが飛躍的に伸び、東芝産業機器システム㈱、NTT傘下のテルウェル西日本㈱とテルウェル東日本㈱なども代理店に加わった。東芝産業機器システムの社長は、ある年の年頭あいさつで、ハイブリッドファンを扱う利益率の高さに驚いたと述べた。「潮」の年度の売り上げが「倍々」で増えていく時代が数年続いた。

そういう時期こそ、ファンの改善に力を注いだ。品質はもちろん、当初から最重要視していたのは安全性である。眼目はファンが落下しないこと。「物が落ちる」のは地球の引力による現象だから、避けようがない。ならば、対策を取る。部品や素材の改良・改善を重ねた。

その中で、2010年9月。販売済みのハイブリッドファンの1台が落下したという報告を受けた。技術者たちは「ありえない」と主張したが、本体を精査すると、ある部品にひびが入っていた。技術者は絶句した。ファンの落下は全国で計3台まで確認されたが、その後は発生しなかった。

私は各代理店にファンの不具合が明らかになったことを報告し、今後も落下の可能性があるのでファンの回収と代替機への交換をお願いした。さらに改良・改善した新製品の納期を3カ月後として納得していただいた。そうして、その月の中旬、私は経済産業省に製品のリコール（回収・無償修理）を届け出た。対象機種は、全国で約1万5千台。

リコールには大変な手間と経費がかかる。ファンの売り上げが伸びていたが、リコールによって、せっかく積み上げた利益は消えてしまうかもしれない。会社は耐えられるだろうか…。

日本商工会議所が発行するビジネス情報誌「月刊　石垣」2010年2月号で紹介された

私は、それまで何度も経験した難局に立ち向かう心構えを思い出した。逃げるな、誠意を尽くせ—。

ハイブリッドファンは代理店を通じて販売しているので、納品先を把握しやすい。代理店スタッフがユーザーを訪ね、リコール対象機種を受け取る。「謝りに行ったのに新しいファンの注文をもらいました」という話をいくつも聞いた。

リコールの回収率は97％と非常に高かった。経産省の担当者は、後に「よくあそこまでやったね」と私をねぎらってくれた。それもうれしかったが、リコール騒ぎにもかかわらず、代理店が1社も離れなかったことも、うれしかった。

一連の対応で、私が重視したのはスピードである。データを隠したり、改ざんしたりせず、速やかに事実を開示し、最良の対策を見つけ、ことを進める。時機を逸すると、取り返しがつかなくなる。

改良を重ねたハイブリッドファンは、大手重工業会社の金属試験で「強度十分」と判定された。「正しく使っていれば落下する可能性はない」と確信した。

立ちはだかる障害は、自分のためにある。障害は、自分を鍛えてくれる。

「轍」を踏んだ反省記

この原稿をつづるにあたって当初から考えていたのは、私の体験が、中小・零細企業の経営者に、いささかの参考になれば幸いだ、ということである。

これまで多くの経営者に会い、交流を結んできた。そのほとんどの人が、共通する課題や悩みを持っていることを知った。ならば、失敗を含めた私の体験を偽りなく述べることで、そこから何かを学び、くみ取っていただくことができるかもしれない―。これから書くのは、いわば私の〝反省記〟である。

以前、潮特殊設備時代、業務の好調と拡大に任せて社員を増やし、その中に〝腐ったリンゴ〟がいたと書いた。リンゴの腐敗は周囲に伝染し、やがて売り上げ全体に陰りが出て、最終的に私が総額６億８７００万円の負債を背負うことになる。

四つのハートを組み合わせた「潮」のシンボルマーク（左）と、わが社のモットー

1つ目のハートは **感謝の心**を

2つ目のハートは **価値創造の心**を

3つ目のハートは **情熱の心**を

4つ目のハートは **調和の心**を

その時の私の対応は、甘かった。〝腐ったリンゴ〟に対して非情になりきれず、切り捨てるのに時間をかけ過ぎた。社員だけでなく、その家族の「顔が見える」中小・零細企業経営、労務管理の難しさ、採用に当たっての人を見る目、教育の難しさを嫌というほど味わった。以来、業務が拡大しても私は「極力、人を雇わない」方針を貫いた。

しかし、時がたつにつれて「のど元過ぎれ

ば熱さを忘れ」、私は再びその「轍《てつ》」を踏んでしまったのだ。

トックベアリング㈱を定年退職した塩島章二さんが２００５年に「潮」に入社したが、その数年前に、私は１人の男性（以下、Ａと呼ぶ）を採用した。これが、つまずきの始まりだった。

ハイブリッドファンを世に送り出して以来、私はＰＬ保険（生産物賠償責任保険、ＰＬはＰｒｏｄｕｃｔ Ｌｉａｂｉｌｉｔｙの頭文字）に関心を持っていた。製造業者等が製造または販売した製品、あるいは工事業者等が行った仕事の結果が原因で他人にけがをさせたり、他人の物を壊したりしたために、事業者が法律上の賠償責任を負担することによって被った損害を補償する、事業者向けの保険である。

ＰＬ保険への加入を考えていたのは、「リコール」問題で書いたハイブリッドファンの落下の事例が報告される以前。当時は落下の可能性を含めて、「何かあった時」に備えるために、いろいろな損害保険を検討していた。

ある日、ＰＬ保険について詳しく聞くために、大手火災保険会社の営業マンに来てもらった。彼らは２人で「潮」にやって来た。その１人がＡだった。「潮」がその社のＰＬ保険に加入するまで、Ａらは５、６回来社したと思う。

Aと話をするうちに、彼が立派な学歴を持っていること、柔道をやっていたこと、大学を卒業してから地銀に勤務し、後に保険会社に転職したことなどを知った。

正規社員ではないが、まじめそうな40代のAに私は好感を持った。

態度豹変のAに困惑

大手火災保険会社の営業マン、Aについて、その像が少しずつ分かってきた。

横浜の名門私立高校に入り、柔道部の主将を務めた。その後、東京の有名私大に進んだ。文武両道。主将経験者なら人望があり、協調性、統率力も持ち合わせているだろう。

地銀で働いていたことがあるのだから数字には人一倍強いはずだし、社会保険労務士などいくつかの国家資格を持っている点は会社にとってもプラスになる。何より、本人が努力家である証しと思えた。一点だけ、地銀を中途退社しているのが少し気になったが、私は「過去を問わない」主義で、履歴書の詮索はしなかった。

過去のない人間はいない。ある人にとって、過去は触れられたくないものかもしれない。調査機関などを使って過去や私生活までほじくり返すのは私の流儀ではなかった（これは今でも変わらない）。

Ａに翻弄《ほんろう》された当時を振り返る

私は、ある機会に、Ａと腹を割って話をした。「よかったら、うちの会社に来ないか。正社員として迎えるよ」。Ａは即答せず、数カ月考えてから「潮」への入社を決断した。

正直に言うと、私にはＡの学歴がまぶしく映り、そこを過大評価してしまったのかもしれない。私自身は、高校を１年で中退した。以後、現在に至るまで、優秀な学歴を持つ人たちに伍《ご》して、十分やってきたと自負している。しかし、自身の学歴に悔いがないと言えば、うそになる。学歴の点で屈折した思いを抱いたことも何度かあった。

しかし、Ａを通して「学歴と人間性は全く別物」と知らされるのに、そう時間はかからなかった。私の期待は、ことごとく裏切られた。学歴を鼻にかけて他人を見下すような態度を取る。協調性がない。暗い雰囲気で、人付き合いができない。仕事ができそうに見えたが、それもだめ。計算はできるが、その数字が持つ意味が読めない。

私が社にいる時と、いない時では全く態度が違う。やがて、私と話す際も、椅子によりかかって話すようになった。会社の雰囲気は一変した。ギスギスと、重苦しい空気に包まれてしまった。Ａは、あの〝腐ったリンゴ〟だった。

Ａを入社させたのは私だ。責任がある。度々彼を呼んで話をし、みんなと協調するように説いた。「自分が変わらなければ、周囲は変わらない。自分を変える努力をしてくれ」。どれだけ飲食に誘い、励ましただろう。私は連合艦隊司令長官・山本五十六の言葉を改めて心に刻んだ。「やってみせ、言って聞かせて、させてみて、ほめてやらねば、人は動かじ」

Ａは一つの仕事を教えられると、それを自分の中に閉じ込めて、他人と共有しようとしない。共有すると、仕事を取られてしまうと思い込むらしい。彼の人格は育った環境によるものか、両親の教育によるものか、あるいは何らかのトラウマによるのか。

私はＡの豹変《ひょうへん》ぶりに困惑した。

非情になれない理由

Ａが「潮」に入社して以来、会社の空気が一変した。それまでの和気あいあいとした雰囲気が消え、重苦しい空気に包まれた。Ａの行動はさらに過激になり、わざと大きな音で机をたたいたり、机の引き出しを開け閉めした。

優秀な学歴を持つことと、その人の人間性・人格は、全く別物なのだと思い知らされた。それでも私は「Aが何かの機会に変わるかもしれない」と期待し、励まし、指導した。

当時、「潮」の社員は私を含めて4人。大企業と違って配置転換は難しいが、私はAの仕事を変えてみた。内勤の事務職から外回りに移し、ハイブリッドファンのちらしやカタログを各会社にポスティングする仕事や、飛び込み営業をやらせた。しかし、これも失敗に終わった。「肉体的にきつい」「カタログが重くて腕が痛くなった」などと苦情を言った。

私はさらに「現場に直行して仕事が終わったら、そのまま帰宅する『直行直帰』でいい。出社は週1度。その時に報告書を提出し、かかった経費の精算をしてくれ」と譲歩した。

「潮」の営業は、ほぼ私1人が担当していた。外回りに追われるので、どうしても会社にいる時間が少ない。そこで「潮」の代理店である東芝産業機器システム㈱の社員1人を「潮」の役員に迎え、Aの監督・指導を託したこともある。しかし、Aの方が2枚、3枚も役者が上だった。相変わらず人を見下したような態度で、新役員の言うことを、のらり、くらり、とかわし、全く相手にしなかった。

私は、なぜ、そこまで譲歩してしまったのだろう。〝腐ったリンゴ〟を早く処分することをためらったのだろう。

夏目漱石の「草枕」の有名な冒頭を思い出す。「智《ち》に働けば角が立つ。情に棹《さお》させば流される。意地を通せば窮屈だ。とかくに人の世は住みにくい」。私は潮特殊設備時代から情に流されやすく、非情になれない弱さがある。Aの問題でも、私はその「轍《てつ》」を踏んでしまった。

現在使われているハイブリッドファンのちらし

中小・零細企業は所帯が小さいから、経営者には社員の顔がよく見える。家族の顔も見えている。社員が家を新築したり、購入すれば、共に祝う。本人の結婚、子どもの誕生、進学などの慶事でも同様だ。一方、社員の家族の訃報に接すれば、お悔やみに伺って遺族に寄り添う。Aの父親が亡くなった際、私は葬儀に参列してＡや遺族とともにいた。

経営者と従業員の距離が近いことは、中小・零細企業の利点だろうが、場合によっては、それが手かせ足かせになる。私がＡに対して非情になれず、問題の解決を長引かせてしまった理由の一つが、それだった。

Ａの素行はさらに悪くなった。酒が入ると暴言が増え、過激になった。週に1度の出社にスキンヘッドで現れ、周囲を威嚇した。私はＡに「自宅待機」を言い渡した。

争いが本格化した。

Ａとの争いに終止符

Ａは「潮」社内の雰囲気を一変させた。それに耐えきれない女子事務員が、入れ代わり立ち代わり、辞めていった。それだけでなく、Ａは会社の備品や内部資料・データなどを持ち出していたことが判明した。Ａに関する苦情は、代理店からも数多く寄せられていた。

Ａに「自宅待機」を伝えて以後、Ａから私に不穏なメールが度々届くようになった。自分で事を起こしておきながら「不毛な戦いはやめましょう」などと不敵に書いてよこし、文面の随所に攻撃的な姿勢をにじませていた。私はそこに至って「Ａの人間性がはっきりした。ここが勝負どころ」と考え、弁護士を立てた。Ａも対抗して弁護士を立てた。

そこから数カ月間は民事裁判闘争、というより弁護士同士の話し合いが繰り返された。

私にはＡを雇い入れた責任と同時に、会社を守る責任、ユーザーや代理店を守る責任があった。

公益社団法人横浜中法人会発行「中法ニュース」2022年6月号の裏表紙に載った「潮」の広告

以後の弁護士を介した細かいやりとりは省略するが、裁判所は和解を勧告した。私は「Ａに１年分の給料を払うから、会社を辞めてもらいたい」とはっきり伝えた。Ａは「３年分の給料でなければだめだ」と返してきた。３年分となると、合計額はおよそ１５００万円に上る。Ａの弁護士は、さすがに「その要求は過大」と判断したようだ。結局、弁護士同士の話し合いによって、９８０万円の支払いで決着した。さらにAの弁護士は「支払いは一括でなくても結構。1年半、月々50万円の分割でもいいですよ」と教えてくれた。

係争中、私も裁判所の法廷に立ったことがある。私は裁判長に中小・零細企業の経営実態を訴え、「従業員がわずか3人の会社の経営者が、そのうちの1人に辞めてほしいと考えるに至ったのは、どうしてか。それがどんな状況で生まれたのかをよく調べ、考えてほしい。法律とはいえ、大企業と零細企業を一律に同列に扱うのは大変疑問だ」と主張した。法律を持ち出して議論を展開する裁判長に、私は思わず、「世間知らず、ですね」と言った。裁判長はやはり、「法律ですから」と答えた。

結局、Aは「潮」に6年ほど在職した。やはり、私の対処の仕方が甘かったのか。もっと非情に徹するべきだったのか。私はAとの争いの中で、「今、Aが会社を辞めたら、子どもの教育費はどうするのだろう」などと心配したことを思い出した。

潮特殊設備時代の「轍《てつ》」を踏んだ私は、まだ「学び」が足りない。採用に当たっての人間観察力、従業員の生かし方や教育、状況の見極め、決断力、対処のスピード。今、最も痛感しているのは「うんでいる傷口に薬を塗ってばんそうこうを貼るより、切開手術した方が治りが早い」ということだ。

私の父は「嫌なことに出くわした時、そこから逃げていると、嫌なことはいつまでも残る。一番嫌なことは、最初に片付けてしまえ」というのが口癖だった。

「トレたま」の影響力

ハイブリッドファンの売れ行きは伸び続けた。それにつれて、メディアの取材を受ける機会が増えた。

最初にハイブリッドファンを取り上げたのは、工業系の日刊紙だったと思う。そこからさまざまな情報誌、雑誌などの媒体に広がっていった。

ハイブリッドファンがテレビで初めて紹介されたのは、テレビ東京系の経済ニュース番組「ワールドビジネスサテライト」（WBS）の人気企画「トレンドたまご」（通称・トレたま）でだった。放映は2007年ころではなかったか。

WBSは1988年のスタート。98年に始まった「トレたま」はあらゆるジャンルの斬新な商品や技術を紹介してWBSの目玉になり、現在も続いている。

「トレたま」が放映されたその夜、旧知の経営者から連絡が入った。長谷川信行さん。㈱阿部興業の社長である。同社は貨物輸送、倉庫保管、物流加工などを大々的に手がける

左から佐藤正道さん、私、佐藤さんの妻・知子さん、㈲昭英工業社長の菊池健次さん＝2022年、富士国際ゴルフ倶楽部

会社で、当時の本社は横浜市金沢区幸浦にあった。

私が横浜中法人会（当時は社団法人、現在は公益社団法人）の青年部会の部会長の頃、長谷川さんは横浜南法人会の青年部会の部会長だった。先輩である。長谷川さんは「テレビ見たよ。ハイブリッドファンをぜひ売ってみたい」と言った。私は幸浦の本社と倉庫を見に行った。以来、阿部興業は「潮」の大切な相棒になった。その後、同社は本社を金沢区福浦に移し、現在はその元本社の建物の一角を「潮」が事務所として借りている。

このように、法人会や横浜青年会議所（JC）の仲間たちとは、切っても切れない縁で結ばれている。

活字メディアで印象に残るのは、日本商工会議所が発行するビジネス情報誌「月刊　石垣」。その2010年2月号で「潮」が大きく取り上げられた。見出しは「特許庁も驚いた新型ファン　エコブームで急成長の波に乗る」。

しばらくして、㈱崎陽軒の野並直文会長から、丁寧な手紙をいただいた。「石垣」を読んだそうで、「随分、苦労したんだね」と感想をつづり、「これからも頑張って」と締めてあった。ここにも、法人会やＪＣの縁がつながっている。

メディアに紹介された効果もあり、ハイブリッドファンは全国区になった。知人が仕事や旅行で各地を訪れては、連絡をくれた。「京都のクラブにハイブリッドファンが付いていたぞ」「福岡にも」「北海道にも」…。

マンションなどの大規模修繕で知られる㈱大和の佐藤正道社長も、ハイブリッドファンの宣伝に一役買ってくれる一人だ。

東京・麻布のフレンチレストランにハイブリッドファンが取り付けてあった。佐藤社長は知らぬふりをして店員に「あれは何？」と聞いた。店員はファンの説明をして「とても具合がいいですよ」と褒めた。佐藤社長は「実は、僕の友人が発明したんだ」と自慢したそうだ。先輩、友人というのは本当にありがたい。

高橋柢祐さんの訃報

私は横浜中法人会の青年部会の部会長を2002年度まで2期4年務め、同部会を卒業した。その後、委員会委員長にと依頼されたが断り、本来の法人会の活動ベースである支部活動をしたいと思い、横浜市西区の一部を担当する支部の支部長になり、法人会での活動を継続した。

私が部会長当時の横浜中法人会の会長は高橋柢祐《ていすけ》さん。中華街の「ブタまん」で知られる江戸清の3代目社長で、1997年5月から2003年4月まで会長を務めた。高橋さんはその他、横浜中華街発展会協同組合の初代理事長に就き、生まれ育った中区山下町の町内会長を長く務めるなど地域の発展に多大な功績を残した。私は法人会の活動を通して高橋さんから実に多くを学んだ。偉大な恩師であり、恩人である。

私は法人会の使命の一つは「人材の育成」と考えており、部会長になると決めた時から、私の承継者を誰にするかをずっと考えていた。ある日、ふと思いついて高橋会長を訪ね、「息子さんがいらっしゃいますよね。一度、会わせてください」とお願いした。息子さんというのは、高橋伸昌さん（現・横浜中法人会会長）。柢祐さんの長男である。

私は伸昌さんと会い、法人会と青年部会について熱く語った。伸昌さんは青年部会への参加を快諾してくれた。私の部会長2期目は、副部会長として私を支えてくれた。「潮」の業績が芳しくない中で、私が部会長の任期を全うできたのは、仲昌さんのおかげである。

高橋柢祐会長は、とにかく、いろいろなことを「やらせる」人だった。あれもやってみろ、これもやってみろ、と果敢に挑戦させた。今思えば、それは江戸清が発展する精神に通じていたのかもしれない。

高橋柢祐さん死去

中華街の「ブタまん」

「横浜愛し続けた人生」

横浜中華街の「ブタまん」で知られる江戸清の高橋柢祐会長が8月19日、肝臓がんのため亡くなった。82歳だった。長男で4代目社長の仲昌さん(50)は「おやじの口癖は『世のため、人のため、地域のため』。横浜を愛し続けた人生だった」と語る。「偲ぶ会」は29日午前11時半から、横浜市中区山下町のロイヤルホールヨコハマで開かれる。（三木　崇）

高橋柢祐さん

あす横浜で「偲ぶ会」

1894（明治27）年の創業から中華街で食肉卸を営んできた。柢祐さんは1967年に3代目社長に就任。中華街の新たな名物にしようと、89年に「ブタまん」の販売を始めた。中国から点心師を招き、うま味としてカニ肉を使用。工夫を重ねた味が話題となり、バブル崩壊に見舞われた中華街に活気を呼び込んだ。

「経営とは時代に対応する技術」。柢祐さんが仲昌さんに伝えた言葉だ。本業の食肉加工では、大手外食チェーン向けパティ（加工肉）やハンバーグなどを製造する千葉工場を新設するなど経営手腕を発揮した。横浜中華街発展会協同組合の初代理事長をはじめ、横浜中法人会会長など経営者のまとめ役も務めた。一方で生まれ育った山下町の町内会長を長年務め、今年6月には市内の連合町内会の代表で組織する市町内会連合会の会長に就任したばかりだった。

「よく気が付く神経のこまやかな人。家族に対しても感謝の言葉を忘れない人でした」。柢祐さんの妻徳子さん(77)は亡き夫の人柄をしのぶ。仲昌さんは「中華街で生き、横浜を愛したおやじの背中を見てきた。自分がこれから果たすべき役割を理解している。江戸清の4代目として地域社会に貢献したい」と話した。

高橋柢祐さんの人柄をしのぶ妻徳子さんと長男仲昌さん
＝横浜市金沢区の横浜本社工場

「偲《しの》ぶ会」開催前日の神奈川新聞に掲載された高橋柢祐さん追悼記事（2009年９月28日、地域面）

高橋仲昌副部会長とのコンビで忘れられない仕事の一つは「中の会」だ。「中」を冠した全国の法人会の青年部会の交流を図るもので、横浜中、札幌中、仙台中、名古屋中、福岡中部、沖縄中部の六つが集まって6年に1度、持ち回りでイベントを開催することにした。

そのイベントを横浜中の主催で静岡で行った時、私は鼻の頭にヘルペス（急性炎症性皮膚疾患）ができて微熱が続き、どうしようもなく体がだるかった。だんだん大きくなるヘルペスに、ばんそうこうを貼るくらいの対処しかしなかった。伸昌さんが車で送り迎えをしてくれて、なんとかイベントを乗り切ったが、後に医師に聞くと、ストレスも原因らしく、命に関わる場合もあるそうだ。

私が青年部会の部会長を辞めてからしばらくたった２００９年8月19日、かねて入院中だった柢祐さんが亡くなった。享年82。ある程度、覚悟はしていたものの、弔問に伺った高橋家の前で体が動かなくなった。現実を受け入れられず、2、3時間、ただぼうぜんとしていたようだ。知人に促されて、どうにかお宅に上がった。横たわる恩人の顔を見て、どっと涙があふれた。

形見のゴルフセット

高橋柢祐さんの亡きがらを前に、私の涙は止まらなかった。父親の死に接しても、これほど泣かなかったと思うほど、涙があふれた。後に伸昌さんは「俊ちゃんを見ていたら、それまで我慢していたこっちも我慢しきれなくなって…」と打ち明けた。

いろいろなことが、脳裏によみがえった。ある年の賀詞交歓会でのこと。柢祐さんが私との立ち話で、20分ほど自身と江戸清の歩みの一部を語り始めた。それは、意外にも順風満帆の歴史ではなかった。なぜ賀詞交歓会の場で、わざわざそういう話をするのだろうと不思議に思った。今考えれば、柢祐さんは私が大きな負債を抱えているのを察知していたかのように「参考になれば」と苦しかった時代のことを語ってくれたのでは…。

また、ある時は「自己破産せずに、最後の1円まで借金を返した方がいい」と話してくれた。まるで「かつて、私もそうしたから今がある」と言うように。

高橋柢祐さん愛用のゴルフセットと私＝「潮」社内

成功者は、成功した話をしたがる。どん底にいた時期のことは、触れたがらない。人間は、どうしても過去の成功に引きずられる。しかし、私は失敗からこそ、多くを学ぶことができると考えている。その意味で、柢祐さんの話はとても貴重だった。今でも折に触れて思い出し、心に刻んでいる。

柢祐さんが亡くなってからしばらくして、伸昌さんが「潮」にやって来た。ゴルフバッグを持っている。それを私に差し出して言った。「おやじの形見だ。受け取ってくれよ」。柢祐さん愛用のゴルフセットだった。そして「俊ちゃん、もう解禁してもいいんじゃないか」と続けた。

負債の返済を最優先にする耐乏生活が長く続いていた。一方で「潮」の業績は回復しつつあり、借金完済への道筋が、ほのかに見えてきた。伸昌さんの「解禁」発言は「そろそろ、ゴルフをやってもいいんじゃないか」という誘いであり、激励だった。思いやりに胸が熱くなった。私は、なんと素晴らしい人たちに囲まれていることか…。

十数年ぶりにゴルフ場に行った。千葉県で行われた横浜中法人会主催チャリティーコンペで、グリーンの鮮やかな芝が目に染みた。懐かしい空気を胸いっぱいに吸い込んだ。私は柢祐さんから頂いたクラブで参加したが、スコアは散々だった。長期間のブランクのためにスイングやプレーの感覚が鈍っていたらしい。

これを機に、私は少しずつ横浜中法人会の活動に参加していった。伸昌さんは2000年に江戸清4代目の社長（現・会長）、15年に横浜中法人会会長に就任。私は高橋伸昌会長の下で19年度から22年度まで2期4年、副会長を務めさせていただいた。

伸昌さんは23年、神奈川県法人会連合会会長、全国法人会総連合副会長になり、柢祐さんの後を継いで横浜中華街発展会協同組合の理事長を務めている

周年事業と感謝の心

東京・三宅島で９歳まで過ごした。小学３年を終えて東京・杉並区に転居し、以後、中学、高校時代も東京暮らし。東京に住む親類も多かった。

１９７５年、21歳の時に結婚。２人が住む横浜・大倉山（港北区）のアパートの一室を事務所として、クリーンルーム関連の仕事を始めた。従業員が私１人の個人事業主。これが私の〝創業〟である。

その場所がなぜ東京ではなく、土地勘も、知り合いもいない横浜だったのか。そこには、父の教えがあった。父は「身近な所から商売を始めるな」と諭した。例えば、保険の勧誘などでは親類縁者や知人ら身近な人にアプローチしがちだ。父は、それを戒めた。安易なところから始めると、一時しのぎになるかもしれないが、自分のためにはならない。父は、こうも言った。「10年頑張れば、固定客がつかめる。それまで自分の力を尽くせ」。私は、あえて未知の土地に飛び込んだ。

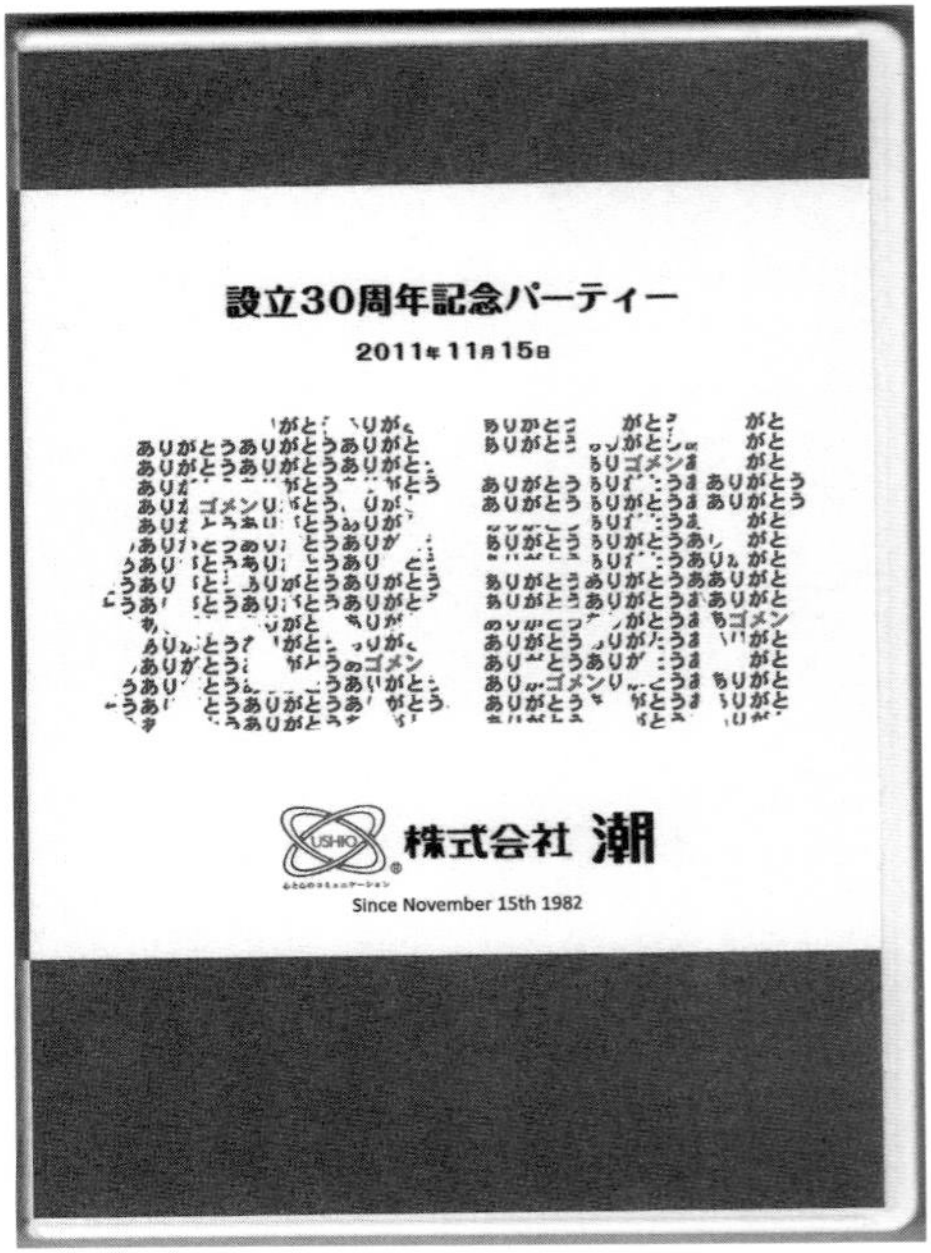

30周年パーティーの模様を収めたDVDのジャケット。小さな「ありがとう」「ゴメン」の文字を集めて「感謝」という漢字が浮き上がるようにデザインした

82年11月15日、横浜市神奈川区のマンション一室を借りて潮特殊設備（現・潮）を立ち上げた。敬愛する坂本龍馬の誕生日にして命日（旧暦）を、あえて会社設立の日にした。その後の周年パーティーなどは、全てこの日を起点にしている。

人は、1人では生きられない。人という字は2画だが、1画がなくなれば、字は倒れてしまう。人という字は、二つの画が支え合っているのだ。家族も、企業も、社会も、人間の支え合いが基本である。振り返れば、私はなんと多くの人々に出会い、教えられ、支えられてきたことか。

これまで「潮」の節目節目に周年記念パーティーを開いてきた。ケータリングを使った、社員だけのささやかな祝賀会から、一流ホテルでの大がかりなパーティーまでさまざまだが、基本は「お世話になった、あるいはお世話になっている人への感謝の気持ちによるおもてなし」である。

私は「感謝」という言葉が好きだ。「相談できる人を持て。人生の宝物になる。そして、感謝の気持ちと礼節を忘れるな」というのも、父の教えだった。

広辞苑には「感謝」は「ありがたく感じて謝意を表すること」とある。その「ありがとう」を表現するのに、なぜ「謝る」という言葉が付いているのだろうか。そして、私なりに理解した。「ありがとう」と「ごめんなさい」は表裏であり、一体なのだ、と。私に今日があるのは、多くの迷惑をかけてきた結果でもある。何度も失敗し、迷惑をかけ、リスタートして前に進もうと努力した。

89年の「13人退社」という出来事について「迷惑をかけられた。嫌な思いをさせられた」と考えてきたが、もしかしたら「私が彼らに嫌な思いをさせた」ために〝反乱〟が起きたのかもしれない。そう考えると、自らの力不足に思いが至る。

私は30周年パーティーの案内状などに「感謝」「ありがとう」「ゴメン」の文字を織り込んだ。

見たことのない料理

１９８２年11月15日の潮特殊設備（現・潮）設立を起点に、節目ごとに記念パーティーを開いてきた。97年に15周年を実施したが、20周年（２００２年）と25周年（07年）はできなかった。負債を抱えて耐乏生活をしていたためである。

10年刻みはともかく、15周年や25周年という区切りは珍しいかもしれない。事実、35周年を開くに当たって㈱崎陽軒の野並直文会長は「普通、35周年ってやるかい？」と電話してきた。私は「『こちらは元気でおります』というごあいさつを兼ねた、おもてなしの食事会です」と答えた。

最初の大がかりな周年パーティーは２０１１年11月15日、横浜ロイヤルパークホテル（西区みなとみらい）での30周年パーティーだった。出席者２７０人。招待状に「感謝」「ありがとう」「ゴメン」の文字を織り込んだ。

会場ではまず「Ｈｉｓｔｏｒｙ　ｏｆ　Ｕｓｈｉｏ」と題するビデオを映し、私の幼少から今日までを紹介。続くあいさつで私は感謝について述べ、「偉大なるおやじ、偉大なる師匠、偉大なる恩人に心から感謝します」と話すうちに、つい涙声になった。私は泣き虫だ。

㈱近澤レース店の近澤弘明社長は祝辞で私を「言葉より感情が先に出てくるタイプ。会社も、そんな風に経営してきた」と語って会場を笑わせ、「小さな体から出てくるエネルギーはとても大きい。こういう珍しい男が横浜にいてくれて良かった」と結んだ。

乾杯の発声は竹内化成㈱の竹内一夫会長。私と出会った関内の飲み屋でのエピソードを披露し、「俊ちゃんはバイタリティー豊かで、求心力がある。大好きです」と杯を挙げた。ゲストステージは親交のある音楽バンド「ゴダイゴ」のトミー・スナイダーとミッキー吉野が務めてくれた。

横浜中華街にある華正樓本店

35周年パーティーは17年3月7日、会場は横浜中華街の華正樓本店。「感謝のおもてなし」と銘打ったこの会には一つの狙いがあった。華正樓の江夏秀明社長に「誰も食べたことがない中華料理を出して」とお願いしたのだ。60人の出席者は食通で、長年、横浜の中華料理に親しんでいる。そういうゲストを驚かせ、うならせる料理を、というのだから、江夏社長もアイデアに苦労したようだ。

当日登場したのは、驚くほど大きく、分厚いフカヒレ。誰もが「見たことも、食べたこともない」料理に興奮した。後で江夏社長は「60人分そろえるのは大変だった」と私に打ち明けた。

私は息子の勇気を初めて皆さんに紹介した。あいさつを、と言われた彼は開口一番、「いつも父がご迷惑をおかけして申し訳ございません」と頭を下げた。笑いに包まれた会場の光景を見て、息子が頼もしく思えた。

閉会の言葉は㈱江戸清会長の高橋伸昌さん。フィナーレに伸昌さんが好きな歌「サライ」(弾厚作＝加山雄三＝作曲、谷村新司代表作詞)を合唱した。また、涙が出た。

祝賀会直前にコロナ

「潮」の設立40周年記念パーティーは2022年11月16日、横浜市中区のホテルニューグランドで開くことにした。

しかし、不安があった。新型コロナウイルス感染症（以下、コロナと略す）のまん延である。

日本では20年1月に初めてコロナの感染者が確認されて以来、感染者が激増。コロナの猛威は世界を覆うパンデミック（世界的大流行）になった。政府は緊急事態宣言を発出し、経済活動や人々の行動が大幅に制限され、時には街頭から人の姿が消えた。感染者数や死者の数の報道におびえる日が続いた。

22年は、全国的には新規感染者数の増加速度は低下したものの、増加傾向が続いていた。しかし、神奈川県に対する緊急事態宣言は21年8月2日から9月30日の3回目の宣言を最後に出ておらず、まん延防止等重点措置も22年1月21日から3月21日までの期間以降、取られていなかった。社会全体的にやや落ち着きを取り戻しつつも、警戒を解けなかった。

そんな状況下でのパーティーである。私としてはお世話になった３００人ほどを招きたかった。しかし、ホテル側と打ち合わせをすると、コロナ対策で出席者の間隔を空けなければならず、出席者を大幅に削ってくれという。譲歩して１５０人という案を出したが、それでもホテル側の了解は得られない。結局、80人で落ち着いた。会場は「ペリー来航の間」に決まった。

40周年パーティーを記録したＤＶＤ。右上のスクリーンにリモート出演の私

こうなると、人選が極めて難しい。いろいろな顔がまぶたに浮かび、その人との思い出がよみがえる。出席してほしい人ばかりだ。悩みに悩んで１２０人に絞って招待状を出すことにした。

11月13日。定例のゴルフコンペがあった。その日、帰宅すると何となく体が熱っぽい。嫌な予感がした。体温を測ると37・２度。しかし、その後、36・２度に下がり、ほぼ平熱に戻っていた。翌日に発熱外来の受診を予約してしまっていたので、一応病院に向かった。その日の朝は、36・２度。多分、大丈夫だろう…。

検査の結果は、すぐに出た。医師の判定は非情にも「間違いない、コロナです」。うがい、手洗いを欠かさず、不要不急の外出も控えていたのに。40周年パーティーは目前だ。医師は当然、出席を禁じた。

主役はリモート出演

手洗い、うがいなど、予防していたつもりだが、どこかに気の緩みがあったのかもしれない。発熱はないが、医師から自宅療養を言い渡された。

やむなく〝主役不在〟でパーティーを開くことを決心した。私の逗子の自宅とパーティー会場をビデオ会議システム「Ｚｏｏｍ（ズーム）」で結び、私がリモート出演する段取りをつけた。さらに、写真家の森日出夫さんが以前撮った私の写真を等身大パネルにして、会場に据えるアイデアを出した。後に、この方法はいろいろな場で取り入れられたようだ。

迎えた当日。テーブルは座席ごとにパーティションで仕切られ、およそ１２０人の出席者はマスクを着けて会場に入った。私は開会のあいさつで「コロナになっちゃいました。大事な式典に欠席し、皆さまの輪の中に入れなくて、すみません。そして今日はありがとう」と言うと、胸が詰まってしまった。人生はまさに「ゴメンとありがとう」だ。そういう事態を招いたことは私の失敗だが、人生に無駄はない。失敗から学ぶことがある。

来賓の祝辞は、心温まるものばかりだった。㈱近澤レース店の近澤弘明社長、㈱みなと輸送の内田宏一副社長、㈱仲亀の仲亀晃央社長、乾杯の音頭を取ってくれた竹内化成㈱の竹内一夫会長。私は、なんと素晴らしい恩師や友に恵まれていることか。会場にいれば、

パーティー会場に据えられた私の等身大写真パネル

皆さんと固く握手できたのに……と、改めて自分がふがいなかった。

この時の仲亀社長のスピーチが「わが人生」の連載につながっている。

公私にわたって私をよく知る仲亀社長は「俊ちゃんの絶頂期からどん底までを、アリーナ席から見てきた」と語った。耐乏時代の私を助けてくれた一人でもある。話の締めくくりは「同輩、後輩のためにも、貴重な体験を、失敗を含めて活字に残してほしい」というものだった。神奈川新聞社から「わが人生」登場の打診を受けた際、最初に脳裏に浮かんだのは、あの仲亀スピーチだった。

主役不在のパーティーは35周年と同様、「サライ」の大合唱で無事に終わった。横浜の名門であるホテルニューグランドで40周年パーティーを開催できたのは光栄である。

コロナ禍による苦戦

２０２０年1月、初めて国内でコロナの感染者が確認された。感染者の激増を受けて政府は緊急事態宣言を発出。神奈川県が宣言の対象になったのは同年4月、21年1月、同8月の3回である。

未曽有の措置によって企業の活動がストップし、学校が閉鎖され、飲食店などが休業を迫られた。コンサートやプロスポーツの試合などは相次いで中止。人々はコロナによる死者数におびえて外出を避け、街頭から人の姿が消えた。

当然、影響は「潮」にも及んだ。前年比15％から17％ほどの増加を見せていたハイブリッドファンの売り上げが、20年度は「横ばい」になった。

これまでに何度か書いたように、私は自社の社員を増やして売り上げを伸ばす手法に懲りていた。

「潮」の営業は、全国で１００社を超す代理店が担っている。どんな商売でも、基本は人間関係にある。しかし、緊急事態宣言で人との対面が制限され、あるいは不可能になっ

2022年2月、「ＨＶＡＣ＆Ｒ　ＪＡＰＡＮ　冷凍・空調・暖房展」に出展した無人の「潮」ブース

た。政府は「テレワーク」を呼びかけた。それが代理店活動の停滞につながり、ハイブリッドファンの売り上げが「横ばい」になる主因になった。

もう一つの柱は、イベント参加によるＰＲである。何よりもまず、ハイブリッドファンを知ってもらうこと、そのための種をまくこと。対象はユーザーであり、代理店でもあった。

「潮」が特に重視しているイベントは前に紹介した「ＨＶＡＣ＆Ｒ（ヒーバックアンドアール）ＪＡＰＡＮ　冷凍・空調・暖房展」。一般社団法人・日本冷凍空調工業会が主催し、2年に1度、東京ビッグサイトで開かれる全国的な催しである。

20年はコロナの感染拡大で開催中止。22年は感染状況がやや改善し、主催者は初めてのリアルとオンラインのハイブリッド開催を試みた。私は「潮」の従業員をブースに派遣し

て来場者と接触させるのはまだ危険だと判断した。結局、ブースだけ出して従業員は派遣せず、オンライン参加にした。

その後、ハイブリッドファンの売り上げは前年比10％ほど落ち込んだ。私は現状ではかつてのような急成長は望めないと判断した。代理店に頼る商法に先が見えてきた、と言ってもいい。代理店は安定した顧客を持つが、どうしても、行きやすいエリアに向かう。新しい境地が開拓できない。そうしようとする意識も、薄く見えた。

ハイブリッドファンは、おかげさまで48万台を売った。しかし、私の試算では、ハイブリッドファンを取り付けられる噴き出し口を持つエアコンの全国普及台数から見れば、48万台は、その1％にも満たない。

つまり、市場はまだ十二分に広い。今後、そこに、どう切り込んでいけばいいのか。「潮」は曲がり角に立っていた。新しい地平を切り開かなければならない。そう考えた時、ふと「ネット」という言葉が頭に浮かんだ。

アマゾンと提携する

２０２０年、新聞やテレビは連日、コロナ禍にあえぐ人たちが生き残りをかけ奮闘する姿を伝えていた。来店客を失った飲食店などは、出前ではなく、ネットを使って商品をPRし、注文を取り、配送していた。

私はアナログ世代に属し、デジタルやネットに強くない。ボールペン1本を、文房具屋さんに買いに行く子どもだった。今は、ペン1本すら、ネットで買う時代になった。

「潮」でも、06年ころから2社だけにハイブリッドファンのネット販売を認めていた。代理店約100社のうちの2社である。売り上げ全体では、およそ9対1。ネット販売はごく少なかった。

ところが、代理店を通した売り上げがコロナ禍で20年度は前年比で「横ばい」になり、21年度はさらに10%落ちた。それに対して、ネット販売は2倍に伸びたのである。売り上げ全体に占める割合はまだ低いが、私は方向転換への〝風〟を感じた。

そこへ、アマゾンのアプローチが本格化してきた。ご承知のように、インターナショナルなショッピングサイトの一つで、10年来、「うちのビジネスサイトを活用してほしい。ファンはもっと売れますよ」と声をかけてきていた。

私は「その時が来た」と判断し、22年夏、アマゾンのビジネスサイトに「潮」の通販サイトを出すことを了承。両社が合意した。その後、諸準備を重ねて実際の運営が始まり、

1年後の23年夏、はっきりした成果が出た。ネットによるハイブリッドファンの販売台数が前年度比で10％以上伸びたのだ。従来の代理店販売とネット販売の割合（約9対1）がおよそ7対3になり、ネット通販がのし上がってきた。全体の売り上げもアップした。

コロナ禍による危機は、従来のさまざまな観念を揺さぶった。私は古い人間だから、商売の根本は人と人との関わりだと考えている。コロナ禍でも「潮」の代理店の数は一社も減っていない。それどころか、今でも「代理店になりたい」という申し出が引きも切らない。今後は従来の代理店に、ネットという新風を吹き込んで共に生きていくことが必要なのだろう。

息子の勇気（左）と。2022年、潮設立40周年の年に撮った

私は23年8月、「潮」の代表権を息子の勇気に譲った。いつも彼に言うのは「やりたいことがあったら、とにかくやってみろ」。ただし、「引く勇気を持て」と続ける。勇気には挑戦する勇

気と、引く勇気がある。引き時を間違えると、ドツボにはまる。

その判断の過程で大切なのが、相談できる相手だ。信頼に足る人は人生の宝になる。自分一人の知見など、高が知れている。他人の経験に耳を傾け、考え、逃げずに、決断する。よく「経営者は孤独だ」というが、相談する人がいれば、孤独なのは決断する時だけだ。

ネットは、時代の流れである。それが、遅まきながら「潮」にも押し寄せてきた。潮流、つまり時の流れが「潮」に来たのだ。

校舎のない〝学び舎〟

これまでの文章を読み返すと、随所に父の言葉が出てくることに気付いた。「本を読め」「人の話をよく聞け」「同い年ではなく、年上の人と付き合え」「1人でできることは高が知れている。『できる人間』を使える人間になれ」「一流の店に行け。そこには地元の一流の人がいる」などなど。

父・昭三郎（1928～85年）は、東京・三宅島で生まれ、地元の漁業協同組合（漁協）に就職した。口数の少ない父だったが、よく本を読んでいた。わが家では毎日のように漁協の人や港湾関係者が集まって宴会を開いていた。幼い私は座布団や灰皿を並べたりして、母を手伝った。彼らは荒っぽかったが褒め上手で「俊ぼうは将来、大物になるぞ」などと私の頭をなでた。褒められるとうれしい、と知った。「褒めて育てる」は、後に私が独立して現在に至るまで、後進を育てるに当たっての私の流儀になっている。

しょっちゅう出入りする親類を含め、私は大人たちの言葉や立ち居振る舞いから多くを学んだ。しきたり、行儀作法、口の利き方、人との接し方、食事の仕方。特に礼儀については、厳しく教えられた。私が今でも「礼節」を生き方の基本に置くのは、幼児期の体験によるものだろう。人間の成長にとって、環境がいかに大切か。「三つ子の魂百まで」「門前の小僧習わぬ経を読む」を実感する。そこは〝校舎のない学び舎《や》〟だった。

私の愛読書の一部。前列の文庫本３冊は左から「孔子伝」、中国の古典「貞観政要」、「上杉鷹山の経営学」

父の口癖は「読書で得た知識が何らかの縁に触れてよみがえり、示唆を与えてくれる。まかぬ種は生えない」。そう、父は私のために「種まき」をしてくれたのだ。「人の話を聞け」については、ユダヤの格言に「人には口が一つなのに、耳が二つあるのはなぜか。自分が話す倍、他人の話を聞かなければならないからだ」とある。

私の読書は乱読である。「海底2万哩《マイル》」「三国志」、日本史上の人物では徳川家康、江戸中期に米沢藩の財政を立て直した藩主・上杉鷹山《ようざん》、坂本龍馬に関する本を読み返してきた。本には付箋が付いていたり、赤い線が引かれている。例えば「上杉鷹山の経営学」は19回読んだ（読むたびに「正」の字を書き足しているので回数が分かる）。私を捉えるのは、本の全てではない。その一節、一行が、その時の私に突き刺さる。課題や悩みを抱え、選択・決断を迫られた時、鷹山ならどうしたか。本を読んでいて常々思うのは、いつの時代も人は私と同じような悩みを持っていたということ。江戸時代の藩主も、現代の著名な経営者も、横浜中法人会の仲間たちも、しかり。そこには時空を超えた普遍性がある。

読書で得た知識と、人から聞いた話が驚くほど符合することがある。すると「自信が確信に変わる」。1999年、プロ野球・西武ライオンズのルーキー、松坂大輔投手が初対戦のイチロー（オリックス）を3打席連続三振に切り取った時の名言である。

生きる目的と勇気を

ふと立ち止まり、わが半生を振り返った時、「これで良かったのだろうか」「他に進むべき道があったのではないか」と疑問を持つことがある。

そんな時、書棚から古びた愛読書を取り出す。付箋を付け、赤線が引いてある箇所を読み返して、自分の判断や選択が間違っていなかったと、確認する。いわば〝人生の確かめ算〟を本でしているようなものだ。

「従果向因《じゅうかこういん》」という仏教の言葉がある。私流に解釈すると「結果に向かって因を作る」こと。あれをしたいから、これをする。例えば、東大に進学したいから、合格するための勉強をする。結果（目的）を明確にしたら、そのためにどういう行動を取るかを重視する思想だ。逆に、ここまでやってきて、今、自分の偏差値はこのくらいだから、この大学でいいだろうとする考え方もある（従因至果《じゅういんしか》）。

私は人生に最も必要なのは、目的・目標を明らかにして、そのための努力することだと思う。私は21歳で結婚して独立。個人事業主として、コンピューターのクリーンルーム関連の仕事を手がけた。24歳の時に長男が生まれ、その記念すべき節目に、将来を見据えた具体的な設計図を引いた。「30歳までに会社を設立して、自分の家を持つ」。家については、

27歳で横浜市金沢区のマンションを購入した。潮特殊設備を設立した私は28歳だった。

６億円を超す負債を抱えた時は、それをいかにして返済していくかが、最大の目標になった。少ない収入で、毎月「千円」の返済から始め、私生活では自らに耐乏生活を強いた。その意味では、私の半生を振り返ると、目的なしに漫然と生活していたことはなかったと思う。人は目標があれば、生きていける。それが希望と夢につながる。生きるとは「限りある命という時間をどこに向けて使うか」ということでもあろう。

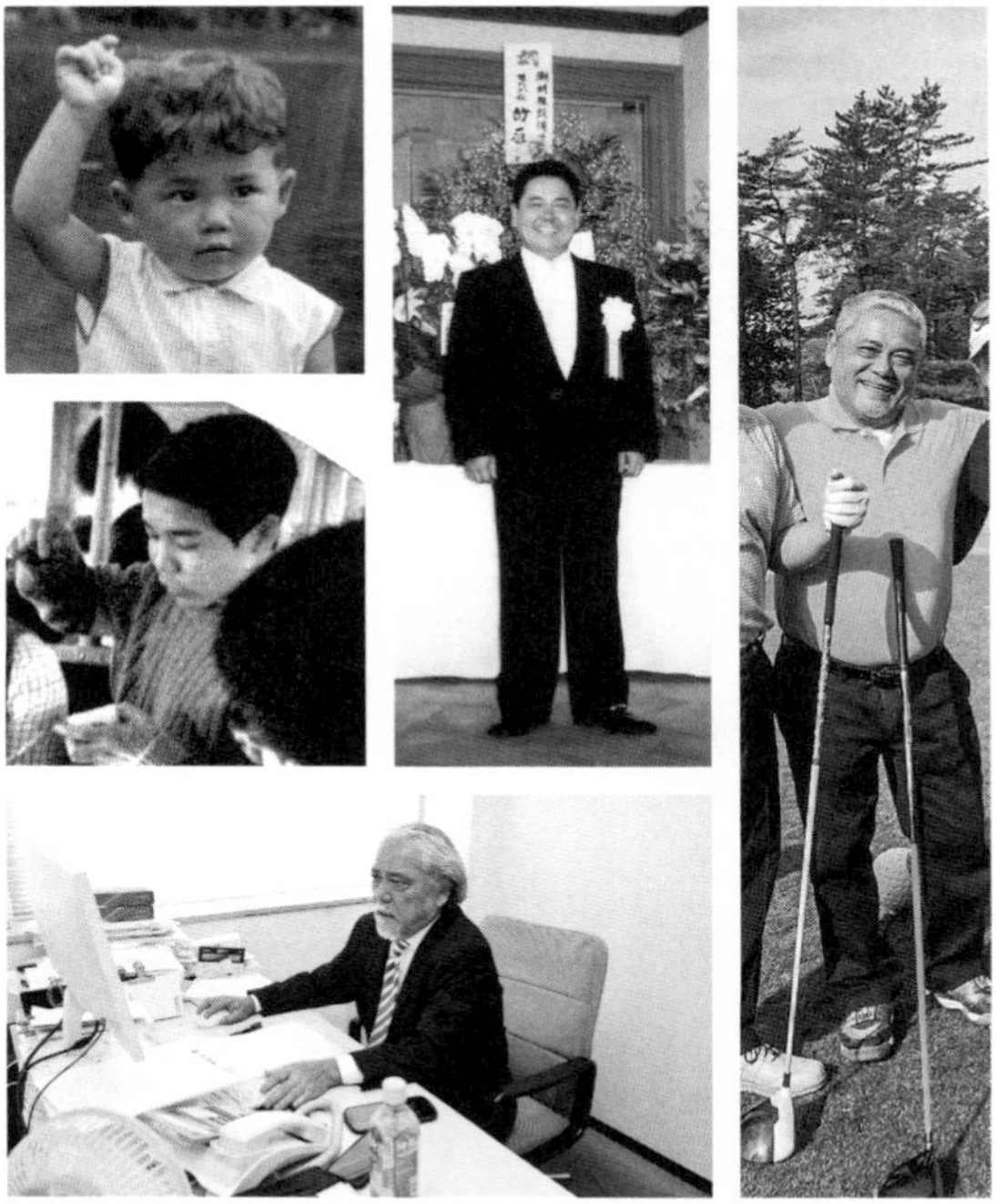
幼少期から今までを振り返る

目的もなく行動するのは、結果として「これしかできなかった」「ここまでしかやれなかった」という言い訳しか生まない。できたか、できなかったかは二の次。信念に基づいて、目標に向かって精いっぱいの努力をしたかどうかが問われる。それが「やった」感と「やらされた」感の違いになる。限りある人生の中で、達成感がある、ないの違いは大きい。

私は40代までは、怖いもの知らずだった。しかし、年齢を重ね、経験を積むにつれ、周囲や先行きが見えるようになってくる。すると、人間はどうしても守りに入り、臆病になる。臆病を打破するのは勇気だ。挑戦する勇気、逃げない勇気。

チャップリン監督・主演の名作映画「ライムライト」に、有名なせりふがある。老芸人（チャップリン）が、自殺を図ったバレリーナを助ける。彼女を励まして、彼は言う。「この人生はどんなにつらくても、生きるに値する。そのために必要なのは、勇気と想像力と少しのお金だ」

私は長男を「勇気」と名付けた。

「麻のなかのヨモギ」

「麻のなかのヨモギ」という言葉がある。ヨモギは春の地表に生えて若芽は食用になる。

「潮」社内でスマホとにらめっこ

別名、モチグサ。その茎はあっちこっちに曲がっていて、まっすぐ天に向かっているものは少ない。これに対して、麻はどの茎もまっすぐ、高く伸びる。そこから生まれた言葉だ。

ヨモギでも、麻の中で育てれば、まっすぐに育つ。人も同じで、善い人と交われば良い感化を受けて善人になる。逆も、また真。人間は環境で左右される――。私の父も、そう信じて私を育てた。象徴的なケースが、私の中学進学だった。

1964年春。私たち一家は三宅島から東京都杉並区に引っ越した。小学校4年で転入したのは杉並区立桃井第三小学校。やがて進学する中学を決める時期になった。学区からすれば杉並区立荻窪中学校なのだが、父は〝越境〟して杉並区立神明中学校に行けと主張して譲らなかった。

父は晩年、口癖のように私を大学まで行かせたかったと言っていた。杉並区に転居した父の頭の中には、進学実績の高い神明中から都立西高校―東大というコースが描かれていたのだろう。進学に適した「良い環境」を私に与えようとした父の深謀遠慮を感じる。両親が離婚しなければ、私は父の期待に応えていたかもしれない。

結局、私は「良い環境」からこぼれ落ちた。その後は、自ら環境を切り開くしかなかった。

環境という点では、多くの経験をした。中学の一時期、いわゆる「不良」のグループに入っていた。父は「人を姿や格好で判断するな」と教えていたのだ。しかし、彼らと行動するうちに「それは違う」「その線を越えてはいけない」という事態に何度か遭遇し、私はグループを離れた。決断の基準になったのは、幼少から育った環境のなかで、父や大人たちから学んだことだった。「約束を守る」「他人に迷惑をかけない」「自分がやられて嫌なことは他人にしない」

20代でサーフィンに熱中していた頃、休日に仲間と遊び、帰る段になった。その時、「いい波が来る！」という情報が飛び込んできた。仲間たちはサーフボードを抱えて海にすっ飛んで行った。彼らの頭の中から、翌日の勤務のことは消えていた。私も「いい波」に乗りたかったが、翌日は仕事上の約束があり、なんとか我慢した。約束は絶対に守らなければならない。

私は「まじめ」に生きてきたと思う。「まじめ」の基本にあるのは礼節だ。それを積み重ねて、現在がある。「あの時、おやじがこう言っていたなぁ」「あの本には、こういう一節があったっけ」と、何度思ったことだろう。人の話と本の教えが、私をつくった。「麻のなかのヨモギ」。確かに人は環境に左右されやすいが、環境が絶対ではない。逆境からはいあがった偉人は、いくらでもいる。大切なのは、揺るがぬ信念と行動力だ。敬愛する坂本龍馬のような。

師匠はどこにもいる

高校1年の時にアルバイトを始めて以来、さまざまな場で働いてきた。仕事を選択する余地はなかったし、好き嫌いを言える立場でもなかった。

それでも、私は仕事が嫌だと思ったことは一度もない。「働くなら『好きな仕事に就くか、就いた仕事を好きになるか』だ」とよく言われるが、私は後者に属するだろう。

最初のアルバイト先は、伯父が勤める写真印刷会社（横浜市港北区）だった。暗室での

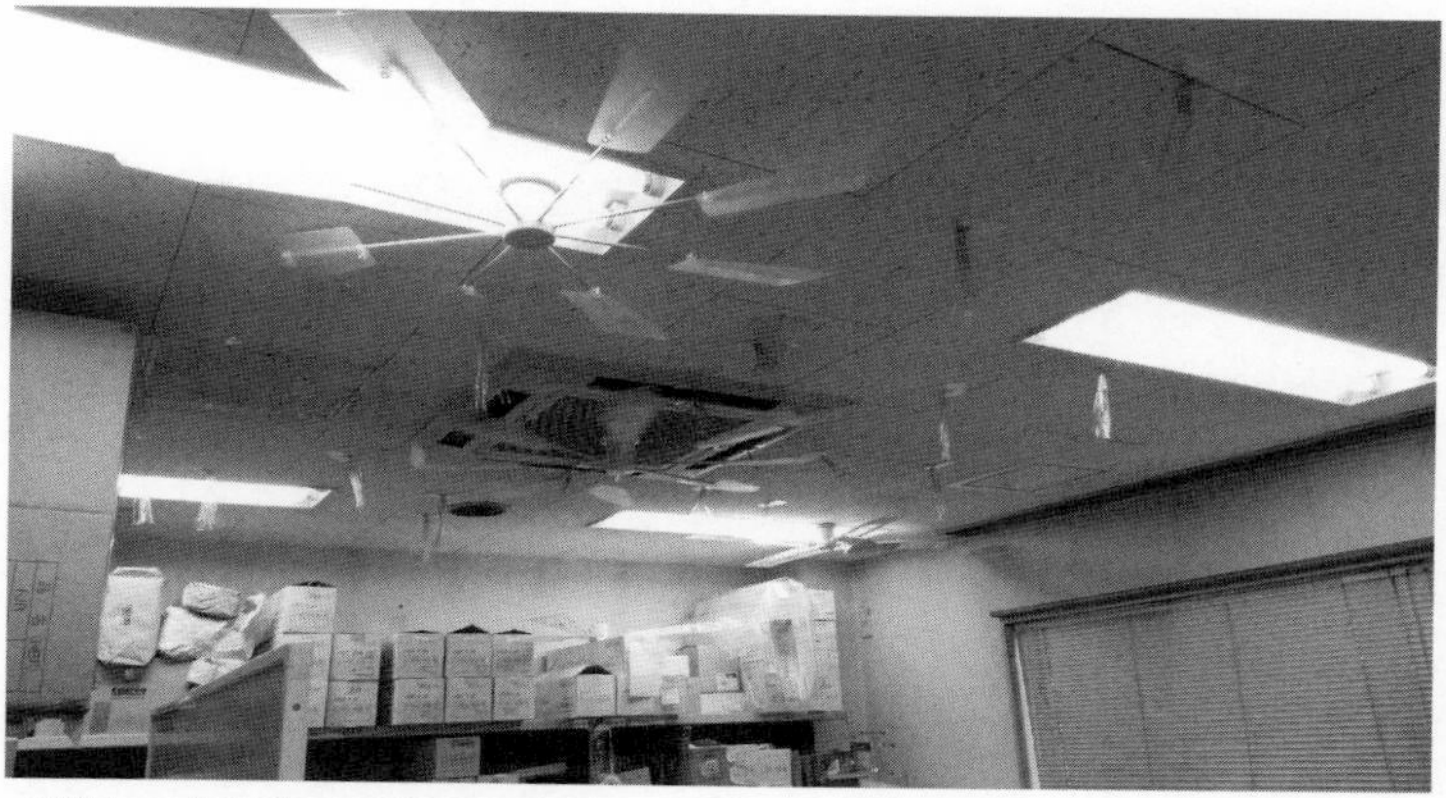

「潮」の企画室。天井から垂らしたリボンの動きでハイブリッドファンが生み出す気流を確認する

フィルム現像、焼き付け、定着、水洗い、乾燥。全て初体験だったが、どれも興味深かった。現像液に浸した印画紙に、画像が少しずつ浮かんでくる様子にワクワクした。

私は、いろいろな技術をこなせるようになった。興味が湧くと、仕事を覚えるのも早い。幸いだったのは、周囲が「バイトだから」と仕事を制限せず、「どんどんやってみろ」と背中を押してくれたことだ。先輩や上司に恵まれていた。

次の職場、K電機工業は都内で50人以上の従業員を抱えて、幅広く電気工事を請け負っていた。私はそこで初めて「電気」と出合い、後に生涯の仕事になる。

電気の「で」の字も知らないド素人だった。

ある部品に電流が流れていることを知らず、ドライバーを持った手で触れてしまい、ドライバーが吹っ飛んだこともあった。

当初は「あれを持ってこい」「これを運べ」「コーヒーを買ってこい」といった使いっ走りだったが、やがて仕事ができる先輩を見ていて、動きに無駄がないことを知った。私は、それを見習った。頼まれたことだけでなく、次の仕事を見据えて材料や道具を先んじて用意する。

頼まれたこと「しか」しないのでなく、頼まれたこと「以上」のことをする—。そう心がけると能率が上がり、仕事の全体像と流れが見えてくる。その気になれば、(反面教師を含めて) 師匠はどこにもいる。「宮本武蔵」「三国志」で知られる作家・吉川英治は「我以外皆我師」という言葉を好んだそうだ。

ド素人だから、分からないことだらけだった。分からないことは、分かる人に聞くしかない。納得できるまで何度も聞く。それは、幼少からの私の性質だった。分からないままに放っておいたり、逃げたりすると、進歩がない。質問によっては、返ってくる答えが、人によってまちまちなことがある。私は「3人の意見が合えば、それが正しい」という我流の基準に従った。

Ｋ電機工業は、コンピューターのクリーンルーム関連の仕事もしていた。コンピューターに関わる仕事は土・日曜日や祝日、盆・暮れに多い。普段は業務上、コンピューターを止められないから、ごく限られた日時に集中して仕事をする。徹夜は珍しくなく、現場に泊まり込み、階段で仮眠した。

はたから見ればきつい仕事を、私は苦にしなかった。若さもあったが、仕事を覚え、吸収することが楽しかった。

縁とは不思議なもの

アルバイト生活に区切りを付け、21歳の時に独立した。従業員は私１人の個人事業主である。小さいながらも〝一国一城のあるじ〟というのは、私の性分に合っていたようだ。クリーンルームの仕事をもらうために、ある企業に日参して、門前払いが続くような苦労はあったが、全体的に仕事は順調だった。

転機は、クリーンルームの全システム工事を、私１人で受けた時である。チャンスだが、私は電気屋だから、設備や空調・内装などは分からない。父の言葉が頭に浮かんだ。「１人の力は高が知れている。優秀な人間を使える人になれ」。私は、それまでに出会った専

潮特殊設備創立15周年記念パーティー会場のステージ準備（1997年）

門家の力を借りて、全システム工事を全うした。仕事の基本は人間関係であり、縁である。

１９８２年、潮特殊設備株式会社（現・潮）を立ち上げた。それまでの仕事場は１００％、東京だった。東京を離れ、土地勘もなく、知人もいない横浜で起業したのは、父の親類や知人の多い東京から離れ、父絡みの人間関係から抜け出したかったからだ。

見積もりから現場まで、１人で仕切った。机に座りっぱなしというのは苦手だから、動き回った。富士通をはじめ多くの企業や担当者に助けられて、仕事が増え、達成感があった。

その後の「潮」は山坂があった。変わら

ずに支えてくれたのが、県内一円に強固なネットワークを持つ某大手金融機関と農協である。人との出会いと縁という点で、忘れられない出来事を紹介したい。

私が営業に回っていた当時、農協は「横浜北」「横浜南」「横須賀市」「あしがら」など県内に40以上あったと思う。各農協の支所でＡＴＭ（現金自動預払機）のブースを設置するという情報が、富士通を介して入った。全体では大仕事である。

某日、県西部の農協に向けて農道を車で走っていると、対向車のトラクターが脱輪しているのが見えた。農家の男性が、トラクターを農道に引き上げるのに四苦八苦している。私は車を降り、トラクターを元に戻すのを手伝った。その人は丁寧にお礼を言って、去った。私のスーツは泥まみれになった。

数日後、また県西部の農協に行った。すると、知らない男性が、ニコニコして近づいてきた。「いやあ、あの時は助かりましたよ。本当に、ありがとうございました」と頭を下げた。よく見ると、トラクターの人だった。スーツ姿だったので、分からなかったのだ。名刺を交換すると、農協の幹部だった。

「なぜ、うちに？」と聞かれて、ＡＴＭブースの件で来た旨を伝えると、先方は「分かりました。担当部長に、よく話しておきましょう」と胸を張った。

後日、支所のブース工事の受注が決まった。その輪は広がり、予想もしなかった実りをもたらした。まるでテレビドラマのような展開だが、「袖振り合うも多生の縁」ということわざを思い出した。これも、前世からの因縁かもしれない…。

横浜中法人会の仲間

さて、ここからは、社団法人横浜中法人会（現・公益社団法人）での出会いについて書こうと思う。地縁もなく、友人もいない横浜に飛び込んだ私が、ここまでやってこられたのは、横浜で多くの人たちと出会い、支えられたからである。その軸になったのが法人会だった。

法人会は「良き経営者」「納税意識の向上」「良き社会貢献者」を目指す、全国で約75万社が加盟する組織である。税務署の管轄地域ごとに存在し、横浜中法人会は中区と西区が管轄エリア。横浜経済の中核だ。

24歳の時、私を法人会に導く人と出会った。貸しビル業を展開する永岡興業㈱の永岡豊社長。私がまだ個人事業主の頃だ。永岡ビルのテナントであったコンピューター関連会社の仕事を受注するために、ビルオーナーの永岡さんにあいさつかたがた、工事に当たっての相談をした。それが縁でお付き合いが始まり、今に至っている。

ある日、永岡さんから「法人会に入れよ」と勧められ、私は即答を避けた。関心がなかったのである。

横浜青年会議所（ＪＣ）や法人会の存在は知っていたが、団体の相違や活動については全く知識がなかった。飲み屋で「ＪＣなんて金持ちの暴走族だ」などと公言していたくらいである。たまたま、同じ店にいて、私の暴言を聞いていた人が立ち上がり、「ＪＣや法人会に入りもしないで、外から批判するのはおかしい。入会してから批判しろ」と私を責めた。その人がＪＣ理事長を務め、後に横浜中法人会青年部会の部会長として私を指導する竹内化成㈱会長の竹内一夫さん、と後に知った。

横浜中法人会広報委員会が発行する月刊「中法ニュース」

私は、飲んでいる席では、見ず知らずの人とも、すぐ仲良くなってしまう。細かい記憶はないが、その夜も、後の恩人とは知らずに気炎を上げたまま、最後は竹内さんのグループと同席したのではなかったか。

２０１１年11月、「潮」の設立30周年パーティーの席で、乾杯の音頭を取った竹内さんは、あの夜の出会いを披露し、「やんちゃだが、仲間思いで、バイタリティーと求心力がある俊ちゃん、大好きです」とあいさつした。

話を戻す。永岡さんの誘いをいつまでも放っておくわけにもいかず、私は28歳で潮特殊設備を設立した１９８２年、横浜中法人会に入会した。しかし、もとより、消極的入会だから、数年間はほとんど活動しなかった。

出る杭は打たれるが

横浜・野毛（中区）に「松葉寿し」という有名な店がある。店の前に横浜が生んだ昭和の歌姫、美空ひばりの銅像があるので、ご存じの人も多いだろう。

私は横浜中法人会に入会したが、数年間はほとんど活動しなかった。そんなある日、先輩が私を松葉寿しに連れて行ってくれた。たまたま先輩の兄が居合わせた。その人は日本通運㈱（日通）の幹部で、その後、日通関連の仕事を数多く私に発注してくれた。

当時の松葉寿し店主は２代目の石川善次郎さん。常連客には港湾・海事関係や物流業界

美空ひばり像があることで知られる横浜・野毛の「松葉寿し」。店の前にいるのは石川善次郎さん（2019年撮影）

の人が多く、石川さんを介して彼らと名刺を交換した私の人脈は広がり、仕事に結びついた。

ある時、客として松葉寿しを訪れた私は、石川さんと、野毛の老舗居酒屋「叶家」の中谷浩さんらのグループに声をかけられた。横浜の「みなとみらい」地区に新しいライオンズクラブ（ＬＣ）を立ち上げるので、一緒にやらないかという誘いだった。その構想は、ライオンズクラブの女性版であるライオネスクラブで活動する笹田克子さんらの肝いりであり、新しいＬＣの会長には竹内化成㈱会長の竹内一夫さんを据えるという。

私は、その人たちの会合に出席し、新しいLCの発足に関わることになった。竹内さんと接触する機会が増え、その縁で私は横浜中法人会の活動に本格的に取り組むようになる。

横浜中法人会に青年部会がある。新しい時代の経営者のために、さまざまな活動を展開する50歳以下のメンバーで構成されている組織だ。その第6代部会長に竹内さんが就任した（任期は1992〜94年度）。

竹内さんは横浜青年会議所（JC）の元理事長。JCの在籍可能年齢は40歳までだから、法人会にはJCのOBが多い。私は竹内さんの勧めで青年部会のメンバーになった。

青年部会は法人会の中枢といえる存在で、メンバーは70人ほどだったと記憶している。2023年の時点では200人を超す所帯になった。

竹内さんは面倒見のいい人で、私はその好意で、少しずつ自分の意見を述べる機会を得た。となると、胸の奥にしまっていた思いが噴き出した。「経済団体は地元の、日本の人材を育成し、輩出することが最大の使命だ」「崇高な理念を掲げても、行動に移さなければ〝絵に描いた餅〟に終わる」「〝仲良しクラブ〟から脱皮しよう」「研修会で学んだことを自社で具現化しなければ意味がない」などなど。

予想していた通り、〝新入りの若造〟の今までにない発言は、周囲の「生意気なやつだ」という強い反発を招いた。どの世界でも、出る杭《くい》は打たれる。覚悟していたので、私は動じなかった。㈱堀場製作所の創業者、堀場雅夫さんはこんな箴言《しんげん》を残している。

「出る杭は打たれるが、出過ぎた杭は誰も打てない。出ない杭、出ようとしない杭は、居心地は良いが、そのうちに腐る」

1センチでも前に進もう

横浜中法人会の青年部会部会長・竹内一夫さんは、陰に陽に〝新米〟の私を支えてくれた。

それでも、組織と生身の人間ということになると、全ての歯車がピタリとはまり、万事順調に回転するというのは、むしろまれだろう。竹内さんとの間でも、青年部会の在り方や事業運営、人事などを巡り、時には考え方や意見の相違が浮かび上がった。そのために随分、悩んだ時期がある。

そういう時に、相談相手になってくれたのが、法人会事務局長（当時）の安間達彌さんだった。安間さんは私の話を辛抱強く聞き、励ましてくれた。最後は「俊ちゃん、楽しく

横浜中法人会の管轄エリア（中区と西区）は横浜経済の中核。コロナ禍が落ち着きを見せ、にぎわいが戻ってきた

やろう！」と肩をたたいてくれた。随分、精神的に救われた。

安間さんについて、忘れられない思い出がある。後に私は44歳の時に青年部会の部会長になり、同時に上部団体である神奈川県法人会連合会（県連）の青年部会部会長に就任した。

県連の事業で、丹沢で植林をすることになった時のことだ。秦野駅に早朝集合し、バスで丹沢のヤビツの森に向かった。植林を終えて、大山登山をすることになった。ところが、その前夜、某先輩に誘われて私はしこたま飲んでいた。完全に二日酔いである。山を登り始めて間もなく、ついに歩けなくなった。安間さんが駆け寄ってきた。正直に事情を話すと、安間さんはすぐ私のバッグを開けた。水を入れた500ミリリットル入りのペットボトルを4、5本詰め込んでいたと思う。

安間さんはあきれ顔で「荷物が多過ぎる」と言って、ボトル1本だけ残し、あとは下山する人たちに配ってしまった。そして言った。「俊ちゃん、山登りは人生と同じだよ。つらくて、1歩も前に進めない時、普段の歩幅でなくていいから、1センチでも、1ミリでも前に進もう。ここで諦めちゃいけない。頂上にたどり着けば、素晴らしい景色が見られるから」。私は彼の言葉に励まされ、何とか頂上に着くことができた。あの出来事を思い出すと、今でも胸が熱くなる。

青年部会の部会長は竹内さんの後、永田好一さん、南雲誠司さんが引き継ぎ、次に私が務めた。この間、いくつかの新しい試みを実行したが、印象に残っているのは外部講師を招く講演会に変化をもたらせたことである。それまでの講師は、ほとんどが経済評論家だった。私はかねがね、それが不満だった。権威にすがって著名人を呼び、頭の中で練り上げた机上の論理をありがたく拝聴して高い講演料を払うのは疑問だった。

それより、身近にいる先輩の実体験を聞く方が、はるかにリアルで面白く、役に立つ。そういう考えから登壇してもらった一人に、この原稿に登場した㈱江戸清の故・高橋柢祐さんがいた。

高橋さんは、褒め上手で、いろいろなことを会員にやらせた。褒め上手といえば、石川達之輔会長（㈱紅梅組専務取締役）、三沢漸副会長（三沢電機㈱社長）は、励まし上手だった。

「車線変更」で行こう

何度か触れたように、私は幕末の志士、坂本龍馬を敬愛している。龍馬を支え続けた乙女姉さんも偉いと思う。

龍馬の魅力は「世の中の人は何とも言わば言え。我が成すことは我のみぞ知る」という信念に基づく行動力と挑戦する勇気だろう。目標に向かって、精いっぱいの努力をする。結果が全てではない。失敗しても、いい。野球に例えるなら、3割バッターは一流の証しとされるが、その強打者でも、10回のうち7回は失敗するわけだ。

私がハイブリッドファンを世に送り出した時、「実は俺も同じようなアイデアを持っていた」という声を少なからず聞いた。しかし､彼らはアイデア止まりで､行動に移さなかった。挑戦する勇気と行動力を持っていなかった。

私が横浜中法人会の青年部会に入って本格的な活動を始めてから数年後、私は青年部会の部会長候補に手を挙げた。もちろん、私を支持しない人たちもかなりいた。紆余《うよ》曲折を経て、1999年、44歳の時に青年部会の部会長に就任した（任期2年）。

青年部会の部会長は、伝統的に就任時にスローガンを掲げる。私は「青年部会の青年部会員による青年部会員のための青年部会」を訴えた。1863年にリンカーン米大統領がゲティズバーグで行った有名な演説のフレーズ、「人民の人民による人民のための政治」を借りたものだ。振り返れば、青臭いビジョンにも思えるが、私には覚悟があった。新しいことに挑戦し、そのために行動しようと決意した。

青年部会の管轄下には四つの委員会があり、さまざまな事業を展開していた。しかし、どうしても前例と過去の踏襲になりがちだった。多人数が加わる組織だから、部会長のビジョンがある程度踏襲されるのはやむを得ない。基本的な方向転換ではなく、目的を同じくしながらの、いわば「車線変更」なら可能だろうと考えた。

そのために、個々の事業は「踏襲」「慣行」から抜け出して、本気で「自分たちが何をしたいか」「何が青年部会のためになるか」を考え、計画し、折衝し、実行する。「やらされた」ではなく、自分たちが主役で「やった」という達成感があるような事業にしたかった。それが「青年部会の青年部会員のための青年部会員による青年部会」であるはずだ――。

私は青年部会部会長を2期4年務めたが、当時の横浜中法人会の会長は高橋柢祐さん。高橋さんは「褒めて使う」ことが上手で、私は次々と仕事を与えられた。そのために周囲から「また仕事を引き受けたのか」という不満も出ていた。高橋さんから「大丈夫？」と聞かれ、「新しいことをやるのは、きついです」と答えた記憶がある。

私は四つの委員会の委員長と意見を交わし、委員会に所属する会員社を駆け回った。私の考えは、少しずつ理解されていった。

「頂」に立つ者の覚悟

横浜中法人会の青年部会部会長を2期4年務めた。その間に手がけた事業は多いが、「新しいことに挑戦する」という意味で印象に残るものの一つが、エキサイティングセミナーである。横浜市内の七つの法人会（横浜中、横浜南、鶴見、神奈川、緑、保土ケ谷、戸塚）が手を組むイベントだ。

横浜中法人会が主管することになっていたその年のセミナーで、私は従来の講演会などではなく、新機軸を打ち出した。七つの法人会が、それぞれ管轄エリアの特性や魅力など

横浜中法人会の管轄エリア(中区と西区)は横浜経済の中核。それを象徴するみなとみらい地区を横浜港の大さん橋から望む

を発信するブースを出し、法人会と地域のアピールを同時にやろうというアイデアだった。

当然のように、反対論が噴き出した。「これまでに経験したことがない」「ノウハウがない」「ゼロから準備を始めるのは大変だ」「手間と時間がかかる」「その割に効果のほどは分からない」などなど。要するに「新規事業なんて面倒」という雰囲気である。目的は以前と同じなのに、方法論を変えると反対する。新しいことを拒否する、組織の習性だろう。

私は諦めなかった。各法人会を回り、担当者と膝を交えて話し込んだ。とにかく、渦中に飛び込む。問題があれは、その現場に立つのが私の流儀である。

積極的か渋々か、は別にして、最後は全員が納得してイベント実施にこぎつけた。来場者（会場は横浜市中区の産業貿易センター）も多く、成功と言えた。各担当者は「やって良かった」「楽しかった」と口をそろえた。彼らの顔には達成感がうかがえた。私が望んでいた表情だった。

組織の頂に立つ者は、常に反対や批判、攻撃にさらされる。平地から見た富士山の頂は、無風に見える。しかし、実際には強風が吹き荒れているかもしれない。組織の「長」は、その覚悟をしておかねばならない。

既に書いたように、横浜中法人会の青年部会部会長と並行して上部団体である神奈川県法人会連合会（県連）の青年部会部会長を務めた。県内の18法人会が加わる県連の事業でも、いくつかの「車線変更」をして、新しい道を開いた。反発もあったが、ある事業終了後、県連の3人の方から感謝とお礼の手紙をいただいたことが忘れられない。みんなのために、誠意と最善を尽くす。そのための苦労や忍耐は必ず花が咲く。

青年部会部会長を2期務めた時代も、私は多くの人に支えられた。その中で1期目は村松和代さん（第12代青年部会部会長）、2期目は高橋柢祐さんの長男である高橋伸昌さん（第

10代青年部会部会長、現・横浜中法人会会長）に副部会長を務めていただいた。

２００９年。高橋柢祐さんの没後、しばらくして伸昌さんに柢祐さんの直筆の書を見せていただいた。そこには「我慢はエネルギー　忍耐は宝　云々《うんぬん》」とあった。言葉に込めた柢祐さんの真意を知るすべは、もはやない。解釈は読む人それぞれに委ねられているのではないか。

「至れり、尽くせり」で

「青年部会の青年部会員による青年部会員のための青年部会」のスローガンを具現化するために、私が心に刻んだのは「至れり、尽くせり」の精神だ。

実は、これ、「潮」のモットーでもある。お客さまの立場に立って物事を考え、提案する。多角的に物を見て気を配り、〝小さなおせっかい〟を焼く。要は〝気配りの勧め〟である。

まず何事も「させてもらっている」というスタンスに立ちたかった。上から目線ではなく、部会長という立場に基づく行動も、展開しようとしている事業も「させてもらっている」。人間はあいさつから始まって、人との接し方、仕事の流儀など、その人の人間性が全て「ふるまい」に現れる。そこには、謙虚さや感謝の心がなければならないと私は考え

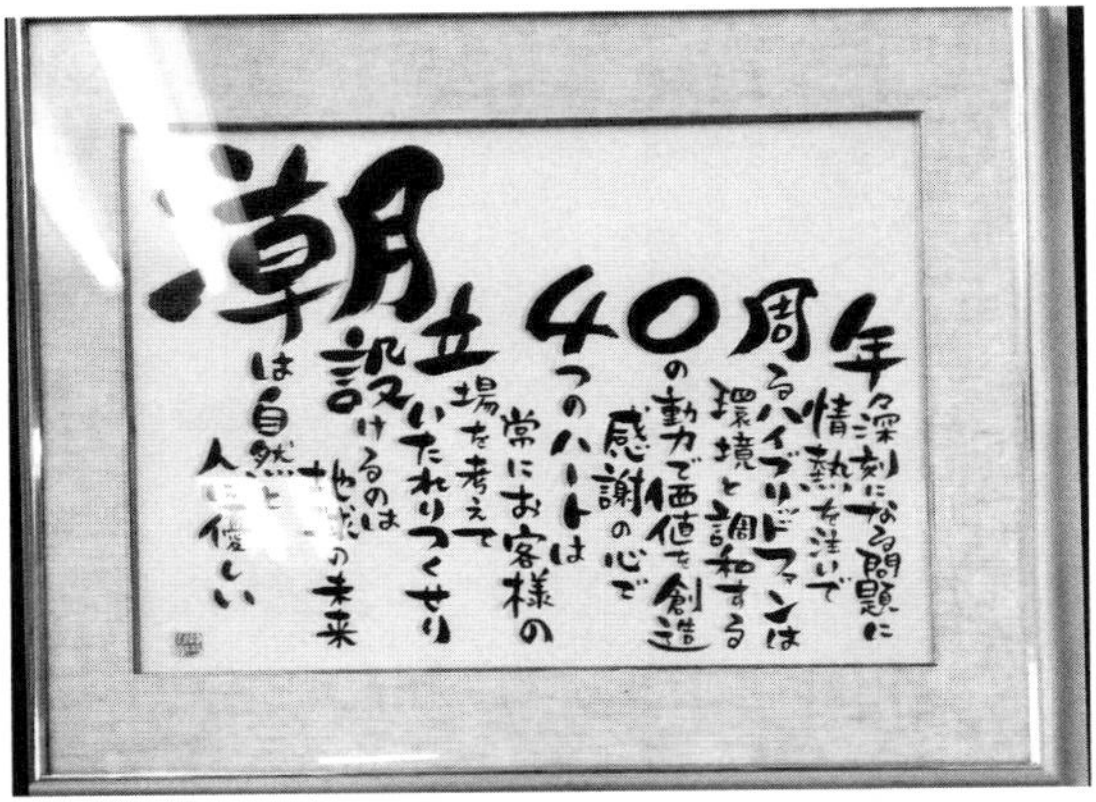

「潮」設立40周年を記念して会社に贈られた額

ている。

当時、青年部会の会員は総勢70人ほどだった。私を支えてくれる副部会長がおり、管轄下には四つの委員会があって「経営」「税制」「社会貢献」「親睦」を担当していた。

副部会長や委員長ら役員との意思疎通を図るために、頻繁に討論の場、飲み会の席を設けた。青年部会として何をやりたいか。何をすべきか。意識と目標を共有しようとした。役員メンバー同士の仲が良く、会がスムーズに回転しないと、会員はついてこない。時には激論シーンもあったが、それだけ、皆さんは熱心に討論し、議論を煮詰め、部会長を支えてくれた。

四つの委員会が、青年部会の基礎である。委員会が機能しないと、部全体の士気が上がらないし、円滑に進まない。組織の先端まで血を通わせることが、全体の活性化には必要だった。

私は、委員会の出席者を増やすことを考えた。まず、会議に出てもらうこと。会議の意義が理解されていないと、出席率は下がる。「どうせ、いつも通り」「出来レース」と思われていないだろうか…。

そこで、私は副部会長と各委員長に「1年、2年かけて、担当する委員会の全メンバーに会ってください」「電話やファクス、メールではなく、足を運んで直接会って話をして、メンバーの意見を聞き、吸い上げてください」とお願いした。どんな仕事も人間関係とコミュニケーションから始まるというのが、私の信念だ。

言うのは簡単だが、役員は皆、それぞれ多忙な仕事を持っている。その合間に、15人前後の委員会のメンバーに会うのは、大変な苦労だ。それを、役員の皆さんは精力的に着実に積み上げてくれた。

ある時、出席者が少ないことを悩んでいた委員長から、明るい声の報告がきた。「出席者が、ぐんと増えました！」。私も思わず「良かったですね！」と声を弾ませた。信念と情熱と行動が、人を動かすということを実感して、〝泣き虫〟の私は胸が熱くなった。

上杉鷹山の「火種」論

前に「従果向因《じゅうかこういん》」という仏教用語を紹介した。私はこの言葉を「結果に向かって因を作る」と解釈している。つまり、結果（目的）を明確にして、それを達成するためにどういう行動をするか—を重視する思想だ。

私は「従果向因」を指針に生き、働いてきた。「30歳までに会社を設立する」というのも、その一つである。目的がないと、朝起きても活動する意欲が湧かず、一日をダラダラと過ごしてしまう。それでは、限りある命という時間を無駄に使うことになる。

大リーガー、大谷翔平選手の活躍に、日本中が沸き返っている。私はかねがね、彼が「従果向因」を実践していることに感動していた。その象徴としてよく知られているのが、曼荼羅《まんだら》を模した概念図だ。大リーガーを目指す大谷選手が、高校1年の時に監督の指導を得て作った目標達成シートである。

「8球団ドラフト1位」を真ん中にして、「体づくり」「メンタル」「人間性」「コントロール」「スピード160キロ」「運」「変化球」など八つの目標を中央に配置し、そのために何をするかを小項目として周囲に書き付けた。例えば「人間性」は「思いやり」「礼儀」「感謝」などの具体的項目に分かれている。高校1年生の分析力と実行力に圧倒される。たゆまぬ努力があっての、栄光なのだ。

私は特に「思いやり」「礼儀」「感謝」に強く共鳴する。この連載で私が何度も書いた、人間のふるまいに最も必要な要素である。

横浜中法人会での活動で、無駄なものは何一つなかった。異業種の人たちとの出会いは新鮮で、大変勉強になった。いや、私の半生でも、無駄などなかったと思う。挫折や失敗を含めても、全てがかけがえのない体験だった。反面教師を含めて、「師」はどこにでもいた。全てに感謝したい。

私は2002年度まで青年部会部会長を2期、4年務めて部会を卒業した。法人会の委員会の委員長にと依頼されたが断り、横浜市西区の一部を管轄する第7支部（現・あらたま支部）の支部長を引き受け、活動を縮小した。負債を抱えた私の、どん底時代である。

青年部会の活性化の鍵が委員会にあったように、法人会全体の活性化の鍵は支部にある。しかし、会員は減少傾向で、支部の統合が進んでいる。その点、支部長の職責を全うすることができなかったことを、誠に申し訳なく思っている。

それでも、私は尊敬する米沢藩主・上杉鷹山の「火種」という挿話をささげたい。たき火の後の灰を見た鷹山は「この国には何も育たない」と思った。しかしキセルで灰をかき混ぜると、炭火の残り火があった。鷹山は考えを変える。「一人一人が胸中の火種を他の者に移してくれ。それが広がれば国も燃える」。火種は城内から城外に燃え広がり、やがて地場産業の開発と振興につながったという。

支部の火種も消えていない、と信じている。

海に潜り、波に乗る

シリアスな話が続いたので、開放感のある遊びの体験を書こう。まずは、スキューバダイビング。

小学3年生まで三宅島で暮らした。その3年生の頃、いとこが持っているスキューバダイビングのセットを借りて、初めて海に潜った。まだライフジャケットなどはなく、ハーネス（「しょいこ」のようなもの）に空気ボンベを積んで背負い、水中眼鏡、足ひれを付け、しずしずと海へ。海水が胸のあたりにきた時、十数キロある装備が重くて、私は海中に沈んでしまった。泳げないので、慌てて浜に戻った。「スキューバダイビングとは海底を歩くものか」と思ったことを覚えている。

次は小学校高学年で体験したサーフィン。前に書いた世界的な海洋生態学者ジャック・

富士山を望むロケーションでサーフィンを楽しめる。神奈川の海は素晴らしい

モイヤーさんが、伊豆の白浜海岸に連れて行ってくれた。エメラルドグリーンの海と白い砂浜が美しく、米国のどこかの海岸に似ているというので、米国人に人気があった。小学校高学年というと、私は東京都杉並区の小学校に通っていたので、夏休みか何かの折に、三宅島に帰省していたのだろう。私と仲良しだったモイヤーさんの息子も一緒だった。

サーフボードは長さがおよそ4メートル、幅60センチ、厚さ15センチほどあり、大人が3、4人乗っても大丈夫だった。白浜へはモイヤーさんに、何度か連れて行ってもらった。うまく波に乗れたという記憶はない。

サーフィンとは16歳か17歳の頃、再び出合った。まだサーフィンが一般的ではない時代で、黒くて分厚いウエットスーツを着ていると「トドかアシカか」とからかわれた。伊豆半島や辻堂海岸が主舞台だった。サーフィンは楽しく、腕も上達したが、仕事が忙しくなり、「仕事をサボってまでする遊びじゃない」と思って、23歳ころに一時休止した。仕事で穴を開けるようなことは、絶対したくなかった。

サーフィンを離れてしばらくして、25歳くらいの時だったか。たまたま、コーヒーショップで、スキューバダイビングショップのオーナーと知り合った。熱心に誘われて、またまた海へ。三宅島以来のスキューバダイビングである。オーバーに言うと、常に死と隣り合わせの遊びだ。厳しい国際資格も取得した。

ある時、「死」がオーバーな表現ではない体験をした。一緒に潜っていた女性の足ひれが外れて、彼女がパニックになった。私にしがみついて暴れる大人を水中で救助するのは、とても難しい。2度目に遭遇した事故は、女性が体に付けていた重り（ウエットスーツが生む浮力を抑えるために重りを付ける）が何かのはずみに落ちてしまい、これまたパニックになった。眼前で事故が続き、私の中にも恐怖心が湧いてきた。

以来、スキューバダイビングとはお別れしている。

それからは機会があるたび、辻堂海岸で息子や仲間たちと交流し、サーフィンを楽しんだ。島育ちは、海から離れられないようだ。

突然ゴルフを始める

ゴルフを始めたのは31歳の時。それは突然、やってきた。

お世話になっている富士通関連会社の役員Aさんと飲み屋で出くわした。「君、ゴルフやる?」「いえ」「やれよ。道具やるから」「はあ…」「明日の朝5時に私の家に迎えに来て。ジーパンは駄目だよ」

あれよあれよという間に誘い込まれ、翌朝、Aさんを迎えに行った。頂いたゴルフセットは、初心者にはもったいない高級品だった。「さあ、行くぞ」と言われても、どこに行くのか聞いていなかった。連れて行かれたのは足柄森林カントリー倶楽部（現・PGM御殿場カントリークラブ）。

ゴルフの経験は、ゼロに等しい。中学時代、同級生の家に遊びに行くと彼のお父さんがパターの練習をしていて、そのまねをした程度である。「いきなりコースに出るなんて、むちゃだ」と思ったが、後の祭り。ショットを打てば空振り、当たればボールがとんでもない方向に飛んでいく。それを追いかけて、コースを上ったり下ったり。とにかく、走っ

磯子カンツリークラブの先輩と。左から私、永岡豊さん、㈱三協開発社長の樋口征四郎さん、森元歯科医院院長の森元嗣郎さん

た記憶しかない。「ゴルフなんて、しんどいだけ。二度とやりたくない」、それが率直な気持ちだった。

しかし、Aさんに「また、やろう」と誘われ、ゴルフ練習場に通うようになり、クラブを買った。ジャンボ尾崎の最盛期で、彼のブランドのクラブ（J's）をそろえた。始めて2年目くらいから、そこそこ格好がついてきた。

横浜中法人会や横浜青年会議所（JC）、ライオンズクラブ（LC）などが主催するコンペに参加して、先輩や仲間とプレーした。ゴルフが面白くなり、楽しくなった。行動範囲がどんどん広がり、1週間かけて関東一円のゴルフ場を回るツアーにも参加した。長時間、車を運転しても疲れを知らない若さがあった。名門の一つ、横浜カントリークラブの会員だった時期もある。スポンサー（紹介者）の1人は㈱アート宝飾の六川勝仁社長だった。

しかし、やがて大きな負債を抱えた耐乏生活が始まり、ゴルフどころではなくなった。1998年ころから2008年くらいまで、ゴルフは完全に封印した。それを解いてくれたのはすでに書いたように、高橋伸昌さん（現・横浜中法人会会長）の「俊ちゃん、そろそろ解禁してもいいんじゃない」という励ましだった。私は十数年ぶりに、グリーンに立った。

疲れを知らなかった心身も、少しずつ年齢を感じるようになった。長時間、車を運転することがつらい。自宅に近いゴルフ場を探していると、知人が磯子カンツリークラブを教えてくれた。スポンサーの1人は学校法人岩崎学園の岩崎幸雄理事長だった。現在は、磯子が私の〝本拠地〟である。

私を法人会に導いた永岡興業㈱の永岡豊社長も、磯子のメンバーだった。永岡さんの勧めでプライベートの「咲久良《さくら》会」に入ると毎週日曜日と祝日はそこのコンペがあり、私は仲間たちとプレーを楽しんでいる。

青春は心の持ち方だ

私のゴルフ仲間、というより大先輩に、㈱ファンケルの創業者で名誉相談役ファウンダーの池森賢二さんがいる。その名前を冠した「池森クラブ」という集まりがあり、多くの経済人が加わっている。「潮」の設立40周年記念パーティーにも、池森さんを筆頭に、そのグループが出席してくれた。ゴルフの池森クラブは磯子カンツリークラブの他、あちこちのコースを巡り、そこをツアーのように回って、コンペを開いている。

ゴルフの楽しさは、何だろう。広大な自然の中でプレーする爽快感、独特なゲーム性、そして仲間との交流。野球やサッカー、ラグビーなどチームで戦う競技に対して、ゴルフは個人競技に見えるかもしれないが、そうではない。選手の陰にコーチやトレーナーがおり、キャディーがいる。ギャラリー（観客）も、プレーヤーを支えている。家族や恋人もそうだ。そう考えると、全く1人だけで成り立つスポーツやプレーヤーはいないことになる。

人は1人では生きられない。既に書いたように「人」という字は、わずか2画で、その1画が倒れると「人」という字そのものが倒れてしまう。まさに、支え合っているのだ。ゴルフに限らず、全ての協力者、支持者、関係者に感謝の気持ちを持ちたい。あの大谷翔平選手のように。

ゴルフのことを書いたが、私にはそれ以外にも素晴らしい友人がいる。法人会を中心にした十数人のグループも、その一つだ。比較的世代が近く、気の置けない集まりで、ゴルフや飲み会、海外旅行などを楽しむ。議論も活発だ。私は「不言実行」より「有言実行」派である。皆の前で主張し、約束し、時には旗を掲げる。言ったからには、やらなければならない。責任がある。そうして自分にプレッシャーをかけ、自らを追い込んで駆り立てる。

池森賢二さん（左）と箱根カントリー倶楽部で

議論で思い出したが、ある時、法人会の活動に関して、指導者はいかにあるべきかを、親友の高橋伸昌さん（現・横浜中法人会会長）と話していた。私が「桃李もの言わざれども、下おのずから蹊を成す」（人徳のある人には自然に人が集まる）という中国の古典「史記」の言葉を引くと、高橋さんは「徳は孤ならず、必ず隣有り」と「論語」で返してきた。徳のある人は決して孤独ではない。いつの日か、あるいはどこかで、必ず理解し、共鳴してくれる人が現れる、というのだ。こうしたやりとりができる友人はありがたく、頼もしい。ちなみに、横浜を発祥の地とする書店「有隣堂」の店名は、ここに由来する。

私は2024年、70歳だ。確かに肉体的な衰えは感じるが、何事かに挑戦する勇気と情熱は持ち続けるつもりだ。その意味で、米国の詩人サミュエル・ウルマンの次の言葉に私は深く共感する。

「青春とは人生のある期間ではなく、心の持ち方を言う。年を重ねただけでは、人は老いない。理想、想像力、情熱を失った時、人は初めて老いる」

オンリーワンの花を

縁あって、「わが人生」をつづる機会を与えてくれた神奈川新聞社とご愛読いただいた皆さまに心から感謝申し上げたい。

私は人生の価値は、自分の夢と希望に向かって挑戦することにある、と考えている。結果の善しあしを問わず、一喜一憂せず、変化を恐れず、勇気を持って挑戦を続ける心の強さが大切だと思っている。チャップリンは映画「ライムライト」で「人生に必要なのは勇気と想像力と少しのお金だ」と喝破した。

父、恩師、友人、職場の同僚、先輩。私はこれまで多くの人と出会い、学び、導かれてきた。他人のふるまいをよく見て、話を聞く。既に書いたが、人間の口は一つなのに、耳が二つあるのはなぜか。ユダヤの格言は「自分が話をする倍、他人の話を聞かなければならないからだ」と教えている。この原稿でも、父や恩師の言葉を反すうしてきた。

社会は〝校舎なき学び舎《や》〟である。横浜が生んだ偉大な作家・吉川英治が好んだ言葉を引けば、「我以外皆師」。振り返れば、反面教師もまた「師」だったと実感する。

もう一つの私の「師」は本である。幼い頃から父に読書を勧められ、いろいろな本を読んできた。人生の折々に、本に書かれていた一節、一行、時には一字一句が脳裏によみがえり、私に示唆を与え、道筋を示してくれた。本は人生の「羅針盤」だった。人の言葉と本。その教えが、ピタリと重なることがある。「自信」が「確信」になる。

多様性の時代と言われて久しい。この言葉に接すると、私は中国で古くから伝わる「桜梅桃李」という熟語を思い出す。桜、梅、桃、スモモには、それぞれの良さがあり、比較することはできない。人間も同じで、違いがあって当然。一人一人の良さ、個性は「オンリーワン」なのだ。それぞれが目標を持ち、目標に向かって挑戦し、いつか「オンリーワン」の花を咲かせる。その情熱を失わない限り、私は〝生涯青春〟だと思っている。松下幸之助さんは「青春とは心の若さである」と言った。

古希を前にして、未熟である。よわいを重ねても、学ぶべきことは無限にある。いかに生きるべきか、は人間永遠のテーマだ。最後に、私の造語を披露させていただく。「為法人」。「いほうじん」と読む。法（社会）と人のため、つまり、世のため、人のために生きる―。これからも挑戦を続けたい。

連載を終えてほっとする（左下は「為法人」の落款）

著者略歴

田中　俊孝（たなか・としたか）　株式会社 潮《うしお》 創業者

1954年、東京都三宅村出身。法政一高（現・法政大学高等学校）中退。82年、コンピューター専用のクリーンルームを手がける株式会社潮特殊設備（現・潮）を横浜市神奈川区に立ち上げる。2004年、エアコンにアルミ製ファンを取り付け、吹き出し口からの風力で回す省エネ型のハイブリッドファンを開発。累計48万台のヒット製品に。長年、公益社団法人・横浜中法人会の会員として活動。逗子市小坪。69歳

わが人生26　縁と恩に有り難う

2024年５月21日　初版発行

著　　者　田中俊孝
発　　行　神奈川新聞社
〒231-8445 横浜市中区太田町2-23
電話 045(227)0850（出版メディア部）

ISBN978-4-87645-682-6　C0095

神奈川新聞社「わが人生」シリーズ

10 ヨコハマ邂逅《かいこう》 ものづくり企業の挑戦
神谷コーポレーション会長 神谷 光信

11 生かされて生きる 「捨ててこそ」の実践
時宗法主、遊行74代 他阿 真円

12 「未知」という選択 世界のレオ 創造の軌跡
物理学者・横浜薬科大学学長 江崎玲於奈

13 郷土を愛する心 社会奉仕に生涯を
神奈川県観光協会会長・川崎港振興協会会長 斎藤 文夫

14 学ぶ力 働く力 生き抜く力
学校法人柏木学園学園長 柏木 照明

15 凜《りん》として 協働の記録 平塚から
前平塚市長 大藏 律子

16 宝積《ほうしゃく》 人に尽くして見返りを求めず
株式会社「つま正」社長 小山 正武

17 ぬくもり伝えて 「脱・進学校」山手の丘の実践
聖光学院中学校高等学校校長 工藤 誠一

18 きもののちから 髙島屋の呉服と歩んだ50年
染織五芸池田企画代表 池田 喜政

神奈川新聞社「わが人生」シリーズ

※肩書は出版当時のもの